724

Verlag Kiepenheuer & Witsch GmbH & Co. KG,
Bahnhofsvorplatz 1, 50667 Köln

Kontaktadresse nach EU-Produktsicherheitsverordnung:
*produktsicherheit@kiwi-verlag.de*

## Das Buch

Wer *Pop* sagt, muss auch *Sexbeat* sagen. Und mitreden kann nur, wer es gelesen hat. Sexbeat – das erste Buch von Diedrich Diederichsen erschien 1985 und erzählt von der Zeit seit 1972, von Hipstern und Spießern, vom postmodernen Aufwachsen, von einer Generation, die sich scheinbar endgültig vom Fortschritt verabschiedet hat. Sexbeat entstand zwischen Zeiten und Zuständen, Jobs und Weltanschauungen, zwischen der Musik von Roxy Music, Heaven 17 und ABC. Diedrich Diederichsen berichtet von seiner Jugend, von der ersten Gegenkultur, die sich gegenüber einer alten linken Boheme behaupten musste. Niemand glaubte mehr an natürlichen Ausdruck, stattdessen an Strategie und Subversion. Als auch das schal wurde, ging es plötzlich doch weiter. Die Leute blieben länger auf, nahmen noch mehr Drogen, hörten noch lautere Musik.

»Seine Gedanken und Texte über Zeitgeist, Musik und Politik feiern seine Fans als heilige Schriften der Popkultur.«  *Der Tagesspiegel*

»Als Sprachrohr eines Popdiskurses, der Melodie und Sound noch losgelöst sieht von Marktchancen, bleibt Diedrich Diederichsen unersetzlich.«  *Mitteldeutsche Zeitung*

## Der Autor

Diedrich Diederichsen, geboren 1957 in Hamburg, war in den 8oer Jahren Redakteur von Musikzeitschriften, in den 90ern Hochschullehrer. Er veröffentlicht regelmäßig in »Texte zur Kunst«, »Theater heute« und »Tagesspiegel« und lebt in Berlin.

## Weitere Titel bei Kiepenheuer & Witsch

»Politische Korrekturen«, KiWi 429, 1996. »Musikzimmer. Avantgarde und Alltag«, KiWi 917, 2005. »Eigenblutdoping. Selbstverwertung, Künstlerromantik, Partizipation«, KiWi 1041, 2008.

Diedrich Diederichsen

# Sexbeat

Kiepenheuer & Witsch

Umschlaggestaltung: Barbara Thoben, Köln
nach einer Idee von Manfred Schulz
Satz: Pinkuin Satz und Datentechnik, Berlin
Printed in Germany
ISBN 978-3-462-03173-7

# And then they move, and then they move –
## 20 Jahre später

»I wanted to be involved with music that entertainingly emphasized the political passions of the era.«

*Van Dyke Parks*

Die Entstehung von »Sexbeat« setzt in einem heißen Sommer des Jahres 1983, in New York, ein. Ich bin zwischen Jobs, zwischen Städten, zwischen Beziehungen, zwischen Szenen, zwischen Weltanschauungen, zwischen Festlegungen aller Art. Erst mit einer Freundin und einem befreundeten Paar in einem Hotel, dann mit immer knapperem Geld in einer WG gelandet, in der Second Avenue, ich glaube, Ecke zwölfte Straße, im Herzen des East Village also, erst noch ein paar Wochen zu zweit, schließlich für den Rest des Sommers alleine. Die Original-Bewohner haben New York verlassen, auf die Hamptons, nach Europa, was weiß ich. Manchmal trudeln Telefonate oder Postkarten ein. Ich beginne mit einer Reihe von Briefen und Postkarten an meine Hamburger Freunde oder an die, von denen ich nun möchte, daß sie in Zukunft meine Freunde sein sollen. Es entstehen die üblichen Pläne, die immer entstehen, wenn jeder Kontext weit weg und die Räume nicht mehr eng sind. Die Briefe werden nicht abgeschickt, selten fertig geschrieben. Ein paar Postkarten erreichen ein paar Leute, deren Namen mir heute entfallen sind.

Was war bis hierher geschehen? 1979 breche ich, 21jährig, ein Studium der Hispanistik ab, um Redakteur der Musikzeitschrift »Sounds« zu werden. Um meine Kollegen und mich herum wertete die sogenannte New Wave alle Werte der Hippie- und Alternativkultur um. Kollege Hilsberg tauft den Zusammenhang einiger deutscher Bands folgenreich »Neue deutsche Welle«. Die ideologischen wie die musikalischen Entwicklungen stehen wiederum in enger Verbindung mit Bildender Kunst. Die erste postmoderne Jugend- und Gegenkultur, von der »Sexbeat« später erzählen wird, tritt aus der Latenz heraus. Man ist 20 und entwickelt eigene Ausdrucksmittel. Die zentrale Hoffnung, die zentrale kulturelle und politische Idee dieser New Wave lautet: Nicht der Verblendungszusammenhang der Pop- und Massenkultur ist zu kritisieren, vielmehr ist ihr Angebot an Künstlichkeiten und Fiktionen der Ideologie des Natürlichen, bei der sich Hippies und Grüne mit Nazis und älteren Mitbürgern treffen, vorzuziehen (Das waren nicht ganz unsere Worte). Es kommt vielmehr darauf an, das Nichtauthentische zu gestalten, ja zu steigern und mit den richtigen Ideen – durchaus linken Ideen! – zu füttern. Entfremdung gilt es als Chance zu erkennen, das eigene Seelen- und ästhetische Leben zu objektivieren und zu programmieren. Organ dieser Position wird »Sounds«, bis dessen Verlag 1982 beschließt, alle seine Titel zu verkaufen und das Unternehmen aufzulösen. Mitte 1983 bin ich also etwas Ähnliches wie ein freier Journalist und stecke mein Restgeld in ein sehr teures Ticket nach New York. Es wird mein dritter und bis dahin längster Aufenthalt.

Auf Postkarten an die ausgeflogenen Bewohner des Hauses an der Second Avenue lese ich Warnungen, sich nicht anzustekken. Klaus Nomi ist schon an der neuen Sex-Krankheit gestorben. Madonnas Karriere hebt mit »Holiday« ab, das in all die Megamixes eingebaut ist, die man neuerdings, von sogenannten DJs produziert, auf New Yorker Radio-Stationen hört. Mit Dana Vlcek, Saxophonist bei Konk und Enthusiast der neuen DJ-Kultur, besuche ich die »Paradise Garage«, wo man nichts anderes machen kann, als zu einer Musik tanzen, die einmal House heißen wird, nicht einmal Alkohol trinken, nur den kostenlosen O-Saft. Nach einer Stunde Tanzen schaue ich auf die Uhr, und es waren acht Stunden. In einem Darkroom läuft als Entertainment »Die Blechtrommel« von Schlöndorff

II

als OmU. Darauf muß man erstmal kommen: Krank, die New Yorker. Draußen ist heller Tag. Vorm Einschlafen erfahre ich von einem seltsamen Fernsehkanal, daß Willi Wühlbeck Weltmeister über 800 m geworden ist. Wahrscheinlich ist schwer zu verstehen, was das für mich bedeutete: Gibt es Normaleres, Deutscheres, Friedlich-Vorgartenzaunhafteres als »Willi Wühlbeck«, Signifkant wie Signifikat. Nach so einer Nacht in einer fremden, neuen, distanten Welt funkt eine amerikanische Stimme diesen Namen durch den grenzenlosen schwarzen Space zwischen der Bundesrepublik und mir.

Das Geld geht immer gnadenloser zu Ende. Es gibt zunächst auch keine Möglichkeit Neues zu organisieren. Ich schreibe für »Konkret« eine marxistische, aber zustimmende Interpretation des neuen James-Bond-Films auf der kaputten Schreibmaschine eines abwesenden, vor AIDS gewarnten Second-Avenue-Mieter. Aber das ist brotlos. Im »Pyramid« und im »Lucky Strike«, wo ein Jahr zuvor die mittlerweile rulende Madonna noch hinter der Theke arbeitete, kann ich mir pro Abend mit Glück noch zwei Bier leisten. Fatima Igramhan zahlt mir überlebensnotwendige 50-Dollar-Raten für Beiträge zu ihrem New-York-Reiseführer. Meine pubertären Empfehlungen werden später in immer neuen Auflagen bis in die späten 90er erscheinen. Meine Ausgehtips werden dann noch immer Details über die DJs im »Roxy« wissen, das doch schon ein Jahr später geschlossen sein wird. Grandmixer DST und DJ Afrika Islam waren damals wichtige Leute. Aber die 50 Dollar sind Gold wert, der Deutschmark-Wechselkurs ein Witz.

Nachdem auch dieses Geld und die letzten Aufträge ausgegangen sind, halte ich mich an Dieter Meer von der Band Yello, der an einer Platte mit einem neuen Star arbeitet, aus dem nie etwas werden sollte. Der zukünftige Star residiert im »Chelsea«. Martinis nebenan im »El Quijote«. Ich hänge mich an seine Parties und schnorre die üblichen Stimulanzien in den üblichen Kneipen. Haoui Montaug bringt mich umsonst in

die »danceteria«, besorgt mir free drinks im »Lucky Strike«
und schenkt mir für »Sexbeat«, das damals noch nicht diesen Titel trug, den Begriff »The Privileged Poor«. Ich wußte
schon, daß es einen Text über diesen Zwischenzustand geben
wird, und zwar sobald der nächste eintreten würde. Ein Briefroman? Was von diesem Sommer schließlich bleiben sollte,
waren die in »Sexbeat« verwendeten, komischen Fotos mit der
Ritschratsch-Kamera. Haoui wurde in den späten 8oern zu einem der Mitbegründer des »New Music Seminars«, Vorbild
der »Popkomm«. Er starb einige Jahre später an den Folgen
von AIDS.

In New York entsteht also kaum Schriftliches. Mit Glück
erwische ich im frühen Herbst einen Flieger zurück nach
Hamburg, das sich während meiner Abwesenheit in seine
Bestandteile aufgelöst hat. Als ich einmal nachts um fünf im
Schanzenviertel Gerd Fröbe dabei erwische, wie er mich aus
einer vorbeifahrenden Limousine heraus seltsam neugierig betrachtet, kriege ich es mit der Angst. Es folgen noch ein paar
durchgeknallte Abschiedsparties. Im »Subito« hält jetzt der
Prinz von Homburg Hof, an den sich zur Zeit wieder einmal
die einschlägigen Schlägerfans erinnern. Mit Glück bekomme
ich kurz darauf ein Angebot für einen Job in Düsseldorf bei
Köln, wo ich bald eine neue Welt kennenlernen werde, die der
Werbung. Ja, bitte. Danke.

Damit ist der Zwischenzustand aber noch lange nicht beendet.
1984 macht seinem Namen alle Ehre, aber andersrum. Nicht
als Totalitarismus, sondern als in Horror kippender Hedonis-
mus. Düsseldorf ist dem New York des letzten Jahres nicht so
unähnlich. Langsam senkt sich der Horizont einer frühen Bret-
Easton-Ellis-Welt über dem Rhein, man gibt der Schwerkraft
der eigenen Asozialität nach. Helge Malchow, den ich kurz
zuvor durch Peter Glasers »Rawums«-Anthologie kennengelernt habe, kommt mit einem Buchangebot vorbei. Wir treffen
uns in einem Lokal, das »Tamara's« heißt, weil es ganz und gar

IV

mit Reproduktionen von Tamara-de-Lempicka-Kitsch dekoriert ist. Es wird später Platz für die Düsseldorfer Kunstmeile machen. Dort lief immer Sades erste Platte.

Ich soll ein Buch über die Lebensbedingungen von Musikern der neueren deutschen Pop-Musik – neue Welle, muß nicht ausschließlich deutsch sein – schreiben. Geeignet war ich als Autor, der über Musik schrieb und auch in Bands gespielt hatte. Bald wird uns klar, daß es zu allen anderen Themen und Termen, die diesem Werk zugrunde liegen sollten, auch noch keine Bücher gibt, am allerwenigsten über mich. Der abgebrochene Briefroman aus New York hängt noch im Nebel der noch nicht wieder irgendwohin zurückgekehrten Seele. Verschiedene Titel und Termine werden festgelegt.

Etwa im Herbst des Jahres 1984 beschließe ich, nicht mehr weiter verwahrlosen zu wollen. Einige antihedonistisch moralisierende Passagen in »Sexbeat« verdanken sich diesem Düsseldorfer Gefühl, Sodom & Gomorrha sei nicht mehr so lustig, wie noch in Hamburg, getragen von individueller wie kollektiver Befreiung, sondern fies und finster, der Ursprung aller Käuflichkeit. Das Ergebnis ist ein neues Leben in Köln bzw. in Köln und Düsseldorf und schließlich ein Job bei der Zeitschrift »Spex«, deren gelegentlicher Mitarbeiter ich schon seit dem Ende von »Sounds« zu Beginn des Jahres 1983 war.

Ich hatte schon einige »Sexbeat«-Abgabe-Termine nachlässig verstreichen lassen – so wie ich damals wortlos aus Wohnungen in Düsseldorf und Hamburg zu verschwinden pflegte, ohne zu kündigen oder aufzuräumen. Erst die neue Situation in Köln machte plötzlich die Abgabe dringend. Eine alte Freundin aus Hamburg sagte nach Erscheinen des Buches, daß sie das Gefühl habe, ich hätte meinen neuen Freunden in Köln mein altes Leben in Hamburg und die dort entstandenen Begriffe, Verknüpfungen und Demarkationslinien erklären müssen. Womöglich. Jedenfalls zog ich mich wiederum im Frühjahr 85, als gerade klar war, daß ich bald bei »Spex« arbeiten würde, nach

Düsseldorf in die Räume der KKG-Projektagentur von Michael Schirner zurück. Ich kramte die Notizen aus zwei Jahren zusammen und schrieb dieses Buch auf einer der leckeren, supermodernen IBM-Schreibmaschinen mit automatischer Korrekturtaste in den riesigen Räumen dieser ehemaligen Galerie für konzeptuelle Kunst in der Kasernenstraße.

Das Lektorat fand dann in der Kölner Südstadt statt. Helge wohnte oder logierte sozusagen am kulturellen Gegenpol von Konzeptagentur in einer Altbau-WG, von der aus man auf ein geteertes Dach gelangte, wo wir bei sehr hohen Temperaturen Bier tranken, mit den Stuhlbeinen im geschmolzenen Teer versanken und uns langsam durch dieses Buch arbeiteten. Die feuchte Hitze des New Yorker Sommers von vor zwei Jahren war zurückgekehrt, und die seltsamen Bilder, die von ihm übrig geblieben waren, wurden ohne besonderes Prinzip über das Buch verteilt. Daß manche Fotos einen illustrativen Sinn zum sie umgebenden Text herstellen, ist Zufall, bzw. ein Effekt der oft beobachteten und auch für die Präsenz dieser Fotos Ausschlag gebenden Regel, daß ein beliebiges Bild und ein beliebiger Text fast immer einen erleuchtenden und neuen gemeinsamen Sinn ergeben – es sei denn, sie sind von dem langweiligen Kalkül der Illustration absichtlich zusammengeführt worden. Das ist nämlich ein schmutziges.

Von diesem Kölner Dach herabgestiegen, bekam ich dann bald wieder eine Art Boden unter den Füßen, aber nur als Person – als Autor klappte das nicht vor März 1988. Doch dazu später. 1985 jedenfalls hatte sich ein zweijähriger Hiatus geschlossen. Von 1983, dem Zusammenbruch der Hamburger Basis, dem darauf folgenden erneuten Aufbruch in andere Welten, für die ich so offen war, daß ich gar kein Skelett mehr hatte, und mit dem organlosen Körper noch schlackernd, war ich schließlich zurückgekehrt in eine neue Struktur. Neunzehnhundertfünfundachtzig.

Doch in der Zwischenzeit, hatte ich nun diesen Text geschrieben, der von der Zeit seit 1972 erzählte, vom postmodernen Aufwachsen. Dieser Text leitete ein historisches Recht, ein im-Recht-Sein daraus ab, daß meine Pubertät und frühe Adoleszenz so verlaufen war, wie sie verlaufen war, also angeblich im Einklang mit den Wünschen des Weltgeistes. Während ich also ein nach allen Seiten offenes und prekäres Leben lebte, dessen Sinn darin bestand, die Vor- und Nachteile einer gewissen ungebundenen Sinnlosigkeit zu schmecken, entwickelte ich eine ausgesprochen fixe und gewisse Perspektive auf die Jahre davor. Von 1984 aus schienen sie mir wie gelebte Geschichtsphilosophie. So konnte der Text über diese Jahre mehr sein als nur deskriptiv. Er geriet fordernd. Doch wo war dieses historische Recht nun? Was konnte man, diese Frage ragte von der neuen Situation bei »Spex« noch in die letzten Bearbeitungen von »Sexbeat« hinein, was konnte man auf diesem Rechthaben aufbauen? Und hatte sich der Weltgeist tatsächlich nach Köln verfügt?

Es ist ein eher einfacher, psychologischer Klappmechanismus, der einen denken läßt, ein privater Bruch, ein neuer Job und eine neue Stadt koinzidieren mit einem historischen Einschnitt. Nicht nur, weil es immer genügend Einschnitte gibt, von denen man sich leicht einen aussuchen kann, wenn man die kontingenten Gelenke der Biographie mit ein paar Tropfen Objektivität ölen möchte. Wir borgen uns ja die biographische Bombastik der Brüche und Aufbrüche genau von dem Blick, der Geschichte noch in den gesichtslosesten Verläufen zu erkennen vermag. Das ist kein Skeptizismus und kein ernster Einwand dagegen, am Material der eigenen Biographie zu arbeiten und sich den Ton teleologischer Evidenzen größenwahnsinnigerweise von Historikern abzugucken. Doch geht Geschichtsschreibung natürlich nie in Echtzeit. Statt dessen ist hier ihre Funktion für die aktuell und akut benötigte Vorstellungskraft zu beachten, die mich mit der notwendigen Illusion des Neuanfangs versorgte, die eine Konstellation denkbar machte, in der alles offen und nichts festgelegt war: reines Potential und null Gepäck.

So groß die autosuggestive Kraft solcher geschichtsphilosophischer Selbstermächtigungen sein mag, für Aufarbeitungen sind sie nicht geeignet. Man macht sich fit für neue Erlebnisse, aber man schöpft keinen Gewinn aus der Verarbeitung von Erfahrungen. Entsprechend ist »Sexbeat« einerseits voller Neuanfänge, andererseits voller Cliffhanger vergangener Episoden, an denen nicht weitergearbeitet wurde. Lieber eine neue Serie anfangen, als sich weitere Folgen für die alte ausdenken. Das macht nicht nur mehr Spaß, es schafft auch die Möglichkeit, sich wieder frisch und unverbraucht auf einer richtigen Seite zu plazieren. Nur bleibt all das Unabgeschlossene und Abgebrochene irgendwo, haust und hockt in Hinterzimmern. Hin und wieder räkelt sich dieses Unverarbeitete und besucht einen am hellichten Tage des Bewußtseins.

»Sexbeat« handelt von einer Generation, die sich von Fortschritt, Konsumkritik, altlinkem Habitus verabschiedet, aber dies – wenigstens nominell – im Namen linker Kategorien. Rechts kam nie in Frage, man wollte ein besseres Links. Links sein war nicht zuletzt die Garantie dafür, daß Ideen überhaupt eine Rolle spielten. Rechts, damals noch nicht (kulturell) neudeutsch-rechts, hätte ja geheißen, einfach nur der (ökonomischen) Schwerkraft der Verhältnisse nachzugeben. Was ja dennoch viele taten und auch noch glaubten, neu und toll zu sein und Tabus zu brechen, ein entsprechender Vertreter taucht ja auch in »Sexbeat« auf. Die bösartige Idiotie, die vollkommene Anpassung an herrschende Verhältnisse als Bruch und Innovation zu inszenieren, ist seitdem nicht abgerissen.

Dieser Autor aber wollte unbedingt als links gelten, sein Buch bezog oft das Material seiner Apodiktik nicht nur aus dem moralischen Recht, in richtigerer Weise einen linken Kulturkampf fortzusetzen als die empirische Linke, sondern auch aus der hegelianisch gefühlten Zwangsläufigkeit dieser

Entwicklung – er glaubt sich nicht nur moralisch im Recht, sondern auch historisch. Tatsächlich ist »Sexbeat« aber weiß Gott nicht immer links. Welche gefundenen oder selbst ausgedachten Ideologeme teilweise Rederecht erhalten, Meinungen strukturieren dürfen und in welche Denkmodelle sie eigentlich gehören, werden wir später noch sehen. Auffällig wie ein enormer argumentativer Aufwand aufgebracht wird, um das eigene Projekt als ein linkes und oft explizit marxistisches zu beschreiben. Die FAZ besprach »Sexbeat« ganz meinen Wünschen entsprechend damals in der Rubrik »Politisches Buch« und nannte seinen Autor einen Marxisten.

Wenn ich den Text aber heute lese und das Alter verschiedener argumentativer Schichten zu bestimmen versuche, beschleicht mich das Gefühl, daß der dort beschlossene historische Sinn der Jahre 72–85 eher eine Erfindung oder Erkenntnis der Jahre 84, 85 war – nicht die Summe vieler Zwischenstände einer kontinuierlichen Reflexion. Die Konkreta und Einzel-Beobachtungen, Wünsche, Aggressionen und Ekstasen und einige nur damit zusammenhängenden Begriffe stammen aber noch aus der Zeit davor, also aus den Jahren bis 82, aus den Jahren vor dem Kollaps der Hamburger Basis, also aus dem »Sounds«-Zitatpop-Universum, der postmodernen Utopie, die ich bis 82 bewohnt hatte. Historischer Sinn war dagegen erst ein Thema geworden, nachdem man Scheitern erlebt hatte. Davor war wohl alles Revolution und Neuanfang, und kein Gedanke wurde verschwendet an Geschichte, außer der Gedanke, daß man neu war – und daher im Recht. Auch das ist allerdings eine Geschichtsphilosophie. Und nicht immer die beste. (Hier konkurriert sie, verborgen in der Gestalt verschiedener älterer Begriffe, mit der expliziteren Geschichtsphilosophie der späteren Jahre, die sich an Aufbrüchen, Anfängen, Höhepunkten und Momenten des Scheiterns orientiert).

Die Anstrengungen, die »Sexbeat« unternimmt, die Erfahrung »unseres« Scheiterns, des Scheiterns von Pop, der postmodernen Linken etc. und seine Ausblicke und Prognosen mit den vorangegangenen Euphorien zu verknüpfen, wirken jedenfalls oft schwerfällig. Man konnte ja auch nicht ahnen, daß noch so manche Generation ins Land schreiten würde, die dasselbe nochmal und nochmal aufs Neue entdecken würde: Daß nämlich die 68er Linken in einen Gegensatz zu sich selbst geraten und so konservativ wie korrupt geworden waren (und immer wieder aufs Neue wurden – wobei unter diesem ungerechten Generalverdikt sehr unterschiedliche bis einander widersprechende Verratsfälle subsumiert werden, vom Verrat am Vitalismus der Revolte bis zum Verrat an ihren Werten). Daß die eigenen Bildungserlebnisse mit Konsumartikeln und behüteter Kindheit auch ganz toll gewesen waren. Daß die Verfeinerungen und Abgrenzungen, die aus einer Welt sekundärer Codes entstanden waren, längst unübersichtlich und nicht mehr karriereneutral, und daher erklärungsbedürftig wie literaturfähig geworden waren. Man konnte nicht ahnen, daß die Erfahrungen, die ich vor 83 gemacht hatte, noch zwanzig Jahre lang, bis heute, immer wieder neu gemacht und als neu empfunden und ausgegeben werden konnten, inzwischen aber derart gesättigt und vorstrukturiert sind mit den vorverdauten und vorverarbeiteten Erfahrungen anderer, daß irgendwann ein massenkompatibler Diskurs daraus entstehen konnte, ein Genre. Coming Of Cynicism.

Wahrscheinlich macht es generell das Leben leichter (und leerer, langweiliger), wenn gleichzeitig genügend ältere Leute auf dem Planeten oder im Viertel sich aufhalten, die strukturell Ähnliches durchgemacht haben. Vielleicht gleichen sich die Biographien seit einiger Zeit eben doch sehr viel mehr, als es die Soziologie wahrhaben will – oder vielleicht ist wenigstens die Anzahl möglicher emotionaler Interfaces endlich. Leider verstehen viele Leute den Begriff Pop vor allem als Legitimation für Umarmungen abgeschrabbelter, gemütlicher und unauffälliger Strukturen. Da Coolness ja oft darin besteht, die

X

Mittel einer erfolgreichen Selbstdarstellung unmarkiert zu halten und kaum sichtbar werden zu lassen, glauben viele, ein optimaler Effekt von Unauffälligkeit und Unmarkiertheit – und als Konsequenz davon: Unpeinlichkeit – läßt sich einfach durch Traditionalismus erzielen.

Einen besonders wichtigen Unterschied gibt es aber zwischen der in »Sexbeat« festgehaltenen Generationsgeschichte und den vielen späteren in sich geschlossenen, aber darin eben doch so gleichartigen Geschichten spezifischer Kindheiten und Jugendjahre in der BRD. Was ich damals als »Befreiung vom kategorischen Imperativ des Weiter« feiere, fühlt sich dennoch als nächste Stufe und steht daher noch ganz und gar unter genau diesem Befehl, gefälligst nicht nutzlos in der Geschichte rumzustehen, sondern sich an die Front zu verfügen, wo die neuen Sachen stattfinden. Weiter! Atemlos keucht der Band vorlauter Anti-Heroismus, der auch nur von Helden erzählen will. Das mag daran liegen, daß den Ich-Erzähler wirklich noch beide Seiten der Zeitenwende geprägt haben, daß er das Gefühl einst ebenso begehrte, die Haare lang wachsen zu lassen, wie sie sich plötzlich und mit grandioser Geste abzurasieren – was er dann auch tatsächlich seitdem in fünfjährigen Zyklen wie ein Sklave seiner frühen Jugend wiederholt: Haare lang, Haare kurz, Haare lang, Haare kurz. John Lennon, Lou Reed, John Lennon, Lou Reed. Anders gesagt: Das vermeintliche Ende der Geschichte oder einer bestimmten Geschichte wird als dramatisch historisches Erlebnis erfahren oder ausgegeben. Oder das Ende einer Form von Geschichte wird noch in der Sprache dieser Geschichte geschildert, nicht in der sich womöglich nun ergebenden neuen Sprache der neuen Zeit.

Die wahre Geschichte, die brutale, tatsächliche Geschichte hat jedenfalls nicht Anfang 1983 »Stopp!« gesagt, nicht »Wir sind gescheitert. Wir haben junge rechte Yuppies an unserem Busen genährt!«, sondern ist einfach weitermarschiert. Und was dem

Ich-Erzähler bis 1982 wie eine Befreiung vorkam, ist immer so weiter gegangen, während der Marsch der faktischen Bedingungen dieser Pop-Befreiung natürlich gnadenlos Richtung Kohl und Kabelfernsehen vorantrampelte und die vermeintliche Befreiung sich als Deregulierung entpuppte. Nun ist es an dem Autor, mit seinen inspirierenden, prägenden, begeisternden Erfahrungen mit einer eigentlich falschen, perversen historischen Dynamik weder revisionistisch zu brechen und sich reumütig auf die weiße Mähre des Kulturpessimismus zu schwingen, noch den jungen Leuten einfach zuzurufen: Ich hab es durchgemacht, bevor ihr es durchgemacht habt! Laßt nun ab von dem eitlen Tand und reiht euch statt dessen lieber in allerdings noch auszubuddelnde Traditionen von Kritik und Avantgarde ein!

Ende 82 jedenfalls war noch nicht klar, daß Pop einst zum Speien sein könnte. Second-Order-Schläue, der Umgang mit den eigenen Gefühlen von einem coolen Standpunkt des Selbst-Engineering aus, war noch eine Befreiung vom Authentizismus und nicht das Zwangsregime karrieretechnisch obligater Bastel-Subjektivität. Der ganze Schlamassel war erst 85 ansatzweise zu erkennen, und die Gegenreaktion gegen Pop und Sekundarität, zu der ich mich dann auch bis ca. März 88 hinreißen ließ, konnte natürlich auch nicht viel schlauer sein als andere Gegenreaktionen: Sie war zunächst unter anderem auch reaktionär und wollte zurück in die Arme von Eigentlichkeiten, für die in Köln natürlich die Kunst, namentlich die Bildende Kunst, zur Verfügung stand. Wenn einen die Postmoderne ankotzte, konnte man ja nochmal die Moderne und ihre Avantgarden entdecken. Dazu später.

1980 jedenfalls tauchte eines Tages ein dramatisches, dokumentarisch anmutendes, grünlich eingefärbtes Schwarzweißfoto als Cover der Schallplatte »Searching For The Young Soul Rebels« auf. Dieses Cover illustrierte die Musik von Dexys Midnight Runners genauso wie wir Pop-Musik in der ersten Hälfte der 8oer überhaupt verstehen wollten: Wenn wir nur die richtigen Bilder gegen die falschen setzen, die Bilder von jungen traurig schönen Seelen-Rebellen, dann verschmilzt die Schönheit unserer Sehnsucht mit unserem coolen Pragmatismus der Setzung, und diese jungen Soul-Rebellen werden da sein, ja wir werden sie sein. In diesem Bild, das einen rein zufälligen unmarkierten Moment eines realen dramatischen Vorgangs zu zeigen scheint, schnappt mit dem Titel ein historischer Sinn ein, der beste historische Sinn, den es gibt: inmitten prall zufälliger Wirklichkeit, inmitten der Sinn abgewandtesten, und darum abenteuerlichsten und schönsten Seite von Wirklichkeit, im Maximum von Kontingenz. Recht haben an genau dem Ort und in der Sekunde, wo das institutionelle Recht und die alten Erzählungen nichts zu sagen haben. Wo es nichts außer einem kurzen, leicht sehnsüchtigen, leicht verzweifelten, leicht trotzigen Blick gibt. Genau da Geschichte lokalisieren und in ihren Fluß springen – das war die Idee von Pop in den frühen 8oern. Es war dann egal, daß – was frühere kritische Generationen bemängelt hätten – es nur Bilder sind, die man von solchen Momenten hat, nicht die Momente selbst. Noch heute ist ein Jan Delay so beeindruckt von dieser 1980er Platte, daß er in der zeitgemäß narzißtischen Variante seine CD »Searching For The Jan Soul Rebels« nennt.

Doch die schöne Schläue von Bands wie Scritti Politti, Dexys Midnight Runners, ABC, Orange Juice und Heaven 17, auf die Entdeckung von der Programmiertheit unserer Seelen nicht mehr mit Abschürfungen ihrer programmierten Schichten zu reagieren, auf daß wir unter Schmerzen unseren wahren Kern finden würden, sondern bewußte Gegenprogrammierungen vorzuschlagen, war nicht mehr gedeckt von unserem Leben. Es ging irgendwie nicht mehr. Der Erfolg dieser neuen, freien, linken, künstlichen, anti-authentischen Programme wollte sich nicht einstellen. Unter Wirklichkeitsdruck drohte alles sich in seine Bestandteile aufzulösen, Sehnsucht und Pragmatismus, Kunst und Kalkül, Kitsch und Kapitalismus.

Da tauchte – 1983 – eine Rock'n'Roll-Band auf. Eine leidenschaftliche, südstaatenernst und kalifornischdekadent zugleich auftretende, jammernde wie fordernde Rock-Band, also das sozusagen abgeschaffteste und erledigteste Programm des alten Authentizismus, und es war der Gun Club von Jeffrey Lee Pierce und sie sangen auf einer Platte mit dem altmodischen Titel »The Fire Of Love« Lieder von härteren Dingen, als unsere Selbst-Programme es sich träumen ließen. Eines hieß »She's Like Heroin To Me« und ein anderes, das erste auf der ersten Seite, der Hit, war »Sexbeat«.

\*\*\*

Sex, Drogen und Alkohol waren wohl der blinde Fleck der Pop-Weltanschauung – nicht nur, weil sie das Mantra der Gegenposition ideologisch ausstatteten, der des Rockismus. Die einzigen Drogen, die sich für das Pop-Programm zweifelsohne benutzen ließen, waren psychedelische Drogen. Halluzinogene, die in den 70er-Jahre-Passagen von »Sexbeat« eine entscheidende Rolle spielen, waren ja das Modell für De- und Re-Programmierungen, Konditionierungen und De-Konditionierungen in mehr als einer Sub- und Gegenkulturtheorie zwischen Timothy Leary, Ronald D. Laing, David Cooper, Carlos Castaneda und William S. Burroughs. Oder man konnte Speed nehmen: Schnelligkeit und Atemlosigkeit waren immer gut.

In den Halluzinogenen hatte man ein Bild von der Software der Seele und ihrer Programmierbarkeit. Man hatte auch eine Verbindung zwischen alten 6oer-Subversionsprogrammen mit 8oer-Decodierungs- und Dekonstruktions-Paradigmen. Doch was, wenn es gar nicht um LSD und um die Software der Seele ging, was wenn irgendeine »sie« – wirklich – »wie *Heroin* für mich ist«? Etwas Härteres, Körperlicheres anrührt als die austauschbare Welt von Vorstellungen und Werten, von Ideologie und Anti-Ideologie, die wir zwischen 79 und 82 so entschieden als arrangiert und rearrangierbar empfunden hatten? Gab es so ein Heroin, gab es so eine härtere, körperliche Ebene, deren Existenz nicht nur eine Behauptung der Rock'n'Roll-Ideologie war? Ja, die gab es wohl, und das, das hatte sich mir bei diesem unglaublichen Gun-Club-Konzert in der Markthalle mitgeteilt, hatte etwas mit »Sex« zu tun, mit dem Sexbeat, von dem Gun Club damals sangen.

An diesem Abend hatten meine Freunde und ich uns unerklärlich aggressiv aufgeführt. Wir zogen irgendwie rempelnd und knuffend durch unsere Stammkneipen und suchten genau den in den frühen 80ern in Kneipen noch leicht anzutreffenden Streit, dem wir lieber aus dem Wege gingen. Wir hielten uns sonst auch lieber im Einzugsgebiet des Abenteuers auf, als daß wir uns unmittelbar in Gefahr begaben. Ich erinnere mich daran, meine Faszination nicht verstanden zu haben. Man kann sagen, daß ein Strang dieses Buches der Versuch war, diesen Abend aus dem Jahre 1983 auf die Reihe zu kriegen. Gun Club schienen alle Dimensionen von ideologischem Rock und authentizistischer Körperlichkeit zu bespielen, die wir haßten, dabei aber elegant, überlegen und cool zu sein. Mit den eigentlich ausgemustertsten und dämlichsten Accessoires, mit dunklen Sonnenbrillen und Erzählungen aus dem abgelegenen LA pulverisierten sie dieses urbane, fragile von London geborgte Überlegenheitsgefühl, mit dem wir unsere Kultur reprogrammieren wollten. Lachhaft!

Später, in »Sexbeat«, fand ich Worte wie »blutverschmierte Wiederkehr« und andere Bilder, die diesen – nennen wir ihn – Realitätsschock mit der Metaphorik unserer geliebten (sicher postmodernen) Zombiefilme zu verarbeiten versuchte. Bemühungen, das zu benennen, was sich nicht der Macht des Codes und den Pop-Strategien fügen wollte. Das zentrale Wort aber war, ganz dem Titel des Gun-Club-Hits ergeben, »Sex«. Dieses Reale, das Pop verfehlt hatten, war es nicht der *Beat des Sex?* Dieses Pochen und Pulsieren, das sich nicht der Bilderhaftigkeit des Pop fügen wollte, sondern unruhig wühlte in den Zonen von Rock – und in den Dickichten endloser Free-Jazz-Nächte? Real, nicht imaginär. Wir glaubten all das hinter uns gelassen zu haben.

An dieser Stelle hätte es, wenn man das Leben und seine Fakten, in diesem Falle meines, als reinen Austausch von Argumenten betrachtet, bei dem sich Phasen und Orientierungen wie Behauptung und Einwand gegenüberstehen und das jeweils Obsiegende gelebt werden muß bis das Leben widerspricht, zwei Möglichkeiten gegeben: Entweder hätte ich dem Gun-Club-Argument nachgehen müssen, ihm nach LA folgen, Jim Thompson lesen, Dennis Cooper kennenlernen, Black Flag hören. Oder ich hätte mit den Londoner Pop-Argumenten auf die neue Situation reagieren müssen, ich hätte diese neue, verbesserte Version des authentizistischen Realität-versus-Code-Arguments beantworten müssen, mit einem neuen verbesserten Pop-De/Re-Konstruktionsargument. Letzteres entstand wohl gerade in den Labors und experimentellen Hinterstübchen einer Judith Butler, ersterem ging ich selber mit gewissen Verspätungen im Laufe der 8oer und frühen 9oer nach, geleitet von Leuten wie Mike Kelley. Doch im Moment war mir beides nicht möglich, ich war nur in der Lage zu verstehen, daß es etwas zu verstehen gab.

Deswegen hatte »Sexbeat« schließlich eine dreifache Aufgabe. Erstens die Darstellung meiner Erfahrung mit der Kultur der alten linken Boheme, der »Weiter«-Kultur, zweitens die Antithese meiner Generation auszuführen: nicht mehr weglaufen, nicht mehr weiterlaufen, Künstlichkeit anerkennen und kulturelle Konditionierungen als Material verstehen; und drittens begreifen, warum auch dagegen eine Gegenthese möglich wurde – oder anders, den Rest benennen, der sich nicht fügte:

XVI

das Reale, das Politische, die Basis, das Material. Ich entschied mich für: Sex.

Das war natürlich ein Fehler, denn was wäre ideologischer, als Sex für das große Unhintergehbare, den realen Rest, das letzte Ding zu halten? Warum soll gerade Sex nicht programmiert sein und reprogrammiert werden können? Nichts ist so evident wie eine Programmiertheit und Programmierbarkeit sexuellen Begehrens, der wir rundum die Uhr in unserer Öffentlichkeit – auch damals schon – bei der Arbeit zusehen können. Nichts ist uneigentlicher als Sex, nur die Hardware, auf der das Programm läuft, der Körper und die Schichten des Psychischen und des Unbewußten, die die Verbindung halten, sind schwer zu hacken. Aber wenn die – sicher naiv überzeichnete – Idee von Programmiertheit und Programmierbarkeit überhaupt stimmt, dann gilt sie wohl unbedingt auch für Sex. Aber als 25jähriger hat man eben nicht nur einen immensen Respekt vor dem Thema. Man kennt es auch, fühlt sich zuständig: Anders als Arbeit, Politik, Technologie oder andere Kandidaten für vorgängige Realitäten ist Sex erreichbar und alltäglich, womöglich verfügbar. So gab es die Aussicht, die Pop-Geschichte zwar zu modifizieren, aber weiterzuerzählen.

Insofern beginnt hier der Part, wo ich anfangen muß, mich für »Sexbeat« zu entschuldigen. Die Passagen, die man sexistisch und essentialistisch nennen kann. Die irren großmäuligen Erzählungen über Mittelschülerinnen und die guten Ratschlägen für bevorstehende Frauenkämpfe. Seitenweise werden bestimmte Mädchentypen vorgestellt, die man relativ schnell als in »Typen« übersetzte musikalische Konzepte oder aus Songtexten bekannte Figuren entziffern kann. Hierarchien werden bemerkt und absurderweise über ihre Künstlichkeit legitimiert. Auch wenn es darunter einige schlüssige Passagen gibt und andere, die ich beim ersten Wiederlesen angewidert für rassistisch gehalten, sich beim zweiten Wiederlesen dann doch als referierte, indirekte Rede entpuppten, kann man doch diesen ganzen Komplex des Buches als das große Symptom des ungeklärten Rest, als Präsenz der unverarbeiteten Antwort der Realität verstehen.

Zwei Gründe hinderten mich, die in der Pop-Weltanschauung angelegten Keime einer Gender-Theorie, eines 90er-Feminismus auszuführen und auf mich und meine Umgebung zu beziehen. Zum einen war die Sympathie für die Position der Künstlichkeit nur den ersten Schritt gegangen: Aus der dummen Negation der Maske wollte sie eine kluge Affirmation der Maske ableiten, das Lieblingswort der 80er: Strategie. Doch die Maske ist eine Idee, die immer noch ein heiles, normales und alt-authentisches Subjekt voraussetzt. Es maskiert sich, um heil zu bleiben, um einmal mehr – womöglich noch ungehinderter – souverän zu sein. Es attackiert nicht den unmarkierten Kern seiner Subjektivität, seine Normalität. Natürlich haßten wir auch damals schon den konventionellen Clown oder den am Schluß der Performance die Perücke vom Kopf reißenden Transvestiten, aber die Gegenentwürfe unserer Generation (Boy George) waren nur so weit gekommen, die Darstellung bereits fertiger, klassifizierter Rollen zugunsten von atemberaubender Ambivalenz zu verweigern. Sie griffen nicht explizit die Logik der von einem altnormalen Subjekt souverän *beherrschten* Rolle an. Obwohl es ja bezeichnend war, daß Boy George sich wand, wenn immer er genötigt wurde, zu erklären, ob er eigentlich von einer schwulen oder einer heterosexuellen Eigentlichkeit aus die süße jüdisch-japanische Geisha gab.

Zum anderen aber waren Frauen als Handelnde in der Pop-Musik sowas von abwesend. Und wir hielten schon aus dem üblichen Jungrabauken-Radikalismus heraus nichts von all den Reden, die hier nur ein Repräsentationsproblem sahen, ein Demokratiedefizit, das sich mit der Unterstützung der wenigen aktiven Frauen pragmatisch bekämpfen ließe: Niemand adressierte das strukturelle Problem, obwohl es in der Punk-Zeit so klar ausgesprochen vorlag wie vorher und nachher nicht mehr, als Poly Styrene von X-Ray-Spex ihren Song »Oh, Bondage, Up Yours!« mit der altbritischen Erziehungsregel einleitete: »Little girls should be seen and not heard!« Um anders als nur quotensozialdemokratisch auf die politische Seite dieser Abwesenheit zu reagieren, wurde ich ziemlich lange immer mal wieder sowas wie ein Differenzfeminist, der anhand bewunderter Künstlerinnen wie Lizzy Mercier Descloux oder Anette Peacock oder der Schlagzeugerinnen bei den Raincoats oder Kleenex das Besondere »weiblicher Beats« preisen wollte. Zeitweilig wohnte Gina Birch (und der Rest der damaligen Red-Crayola-Besetzung) während der Niederschrift von »Sexbeat« in meiner Wohnung. Doch 84 diskutierte man schon nicht mehr viel.

Niemanden dämmerte vor den 90ern und den ersten Butler-Lektionen etwas davon, daß es für Rock-Musik (und auch Pop-Musik), wie wir sie kennen, konstitutiv war, Frauen fernzuhalten – man glaubte an eine nur analog zu Benachteiligungen in anderen Feldern geerbte Ungleichheit. Rock-Musik, aber das stand damals überhaupt nicht zur Debatte, konnte prinzipiell nur dann so reden wie sie redete, wenn sie Frauen ausschloß, für abwesend erklärte und gleichzeitig sogar davon ausgehen konnte, daß die im inneren Produktions- und Verständigungszirkel ausgeschlossenen Frauen genau dieses Reden und Agieren in der äußeren Rezeptionssphäre attraktiv finden würden. Rock-Musik und viele andere Formen subkultureller Künste und Kommunikationsformen verlassen sich darauf, daß eine Fülle von »Anderen« nicht mithört, erfolgreich nicht adressiert wird – um besser Gegenstand sein zu können. Der aus strategischen »Lagen« entstandene Kommunitarismus der konfrontativen politischen Subkulturen überlebte als leere Form der Organisation der je erstbesten Gleichartigkeit von potentiell gar nicht so gleichartigen, höchstens in gleicher Weise jungen Typen: zum Beispiel als Hetero-Jungs. Erst in den 90ern – und dank so verschiedener Vorarbeiter wie Boy George und den Pet Shop Boys, Nico und Hüsker Dü, Kathleen Hanna und Larry Levan – wurde klarer, daß Pop-Musik als ganzes *gequeert* gehörte und nur über ihre natürlich immer schon auch vorhandenden *queeren* Traditionen als Ausdrucksform überleben könnte.

Schließlich gab es noch ein drittes Problem. In dem Maße, in dem man gesellschaftliche Masken und Rollen zu durchschauen vorgab, desto mehr liebte man es, mit der Illusion ihrer Stabilität zu spielen. Der Genuß stieg mit der Entkernung der Fassade. Dieser Genuß war auch genau zwiespältig: Zum einen tobte sich in ihm Befreitheit und Erleichterung, die noch nicht zu eigenen Formen gefunden hatten, an ihrem Negativ aus, zum anderen verselbständigte sich dieses Reden und rekonstruierte unmerklich die Legitimität der alten Rede. Entsprechend gab es etwa eine Mode, Kollektivsingulare und andere Bezeichnungen zu benutzen, die man später wieder unkorrekt genannt hätte – und damals gerade deswegen schätzte.

Auch dies war eine Antwort auf die im Rückblick immer Spießigkeit genannte Verfaßtheit der alten Linken – und ostentative Unkorrektheit wird natürlich in einem ihr wohlgesonnenen Umfeld selbst rasant zum Gipfel der Spießigkeit. Daneben gab es aber auch synchron mit Punk die Rückkehr alter Schmähbegriffe als Kampfvokabeln bei den Betroffenen. Schwarze hießen wieder »Neger«, um deren Nichtversöhntheit und die Unabgeschafftheit von Rassismus zu markieren, ja zuweilen sogar als Kritik an Schwarzen, die sich nicht genügend von rassistischen Stereotypen absetzten. Was uns zu unserer Blamage nicht einmal in den Sinn kam, war, daß wir natürlich nicht das geringste Rede- und Markierrecht hatten, daß wir selber als weiße Deutsche in der Tätertradition standen. Aber man hielt sich eben für neu und unbelastet und daß gerade die wenigen Afrodeutschen, die wir kannten, sich auch – sozusagen im Vorgriff auf HipHop-Sprache – »Neger« nannten, schien uns Recht zu geben. Aus den Kämpfern für die Rechte von Behinderten wurde ja auch eine »Krüppelbewegung«. Abgesehen allerdings davon, daß dies mir und meinesgleichen nichtbehinderten Nichtafrodeutschen nicht das Recht gibt, dieselben Terme zu verwenden – diese Diskussion ist ja in den 90ern geführt worden –, war auch die Konfrontation noch eine andere als in der sogenannten PC-Diskussion.

In den 90ern war nicht nur der Abbau von Sozialstaat, Asylrecht und diverser Mitspracherechte, sondern auch des Rechtes im Verlaufe eines guten alten Bummelstudiums ein feinerer Mensch zu werden, an der neoliberalen Tagesordnung. Daher war der Versuch, über die bürgerrechtlichen Impulse von PC entweder ausweichend ein anderes Terrain zu suchen oder – konfrontativer – den Minimalkonsens herauszufordern, nicht nur politisch berechtigt, sondern auch bündnisfähig für andere gegenkulturelle Anliegen im Kampf um ein gutes Leben. In den späten 70ern hingegen, als diese Rede entstand, waren Sozialdemokraten an der Macht und es gab noch einen Restkonsens über die Notwendigkeit des Ausbaus von Demokratie (im weitesten Sinne: ein Weiter!): Das Mißtrauen nun, daß sich im ostentativen Benutzen eines Begriffs wie »Krüppel« mitteilt, war eine präventiv aggressive identitätspolitische Maßnahme aufgrund der Angst, daß über symbolische Kosmetik politische Forderungen stillgestellt werden sollten. Es gab es auch diese Kritik an PC nach 1990, aber eben auch eine andere strategische Lage und man mußte stattdessen auf der symbolischen Ebene um den Bestand des Problembewußtseins kämpfen. Und von heute aus kann man sagen, daß wenigstens dieser Kampf sinnvoll war: Er hat eben nicht – wie oft befürchtet – von dem politischen Bestand des mit den Symbolen Gemeinten abgelenkt, sondern eher dafür gesorgt, daß die Vorstellung, es gäbe so etwas wie z. B. »Die Frau« sich auch auf breiterer Basis verflüchtigt hat. Genau das aber, dieser bescheidene Schritt, machte eine der besseren Dynamiken von 90er-Jahre-Gegenkultur aus.

Tatsächlich wäre dieses Ergebnis mir aber schon 1985 möglich gewesen. Wenn ich versucht hätte, aus dem begrifflichen und argumentativen Arsenal des Pop-Denkens bis 83 eine Antwort auf das Gun-Club-Erlebnis zu konstruieren. Aber Argumente können nunmal nicht unabhängig von Körpern und Verhältnissen zu Ende gedacht werden – auch wenn sie als Bausatz schon zur Hand sind. Daß es nämlich nicht darum nur gehen kann, die eigene Programmierung, die generationstypische kulturelle Verfaßtheit als künstlich, zitiert, klischeehaft und daher manipulierbar zu verstehen, sondern eben erst recht das in Frage zu stellen, was man von den anderen, von seiner Welt, von den Typen zu wissen glaubte. Bis zur Hälfte gehe ich in »Sexbeat« ja diesen Weg: Ich beschreibe alle Subjekttypen und -positionen, die mir begegnen, als ihre eigenen Klischees und als im Kampf damit beschäftigt. Doch traue ich dann wieder nur bestimmten Typen zu, allen voraus eben mir und meinesgleichen, in diesem Kampf und Gemache mit der eigenen Zitiertheit produktiv zu werden, zu Ergebnissen vorzustoßen. Die anderen, darunter die Frauen und Mädchen, sind plötzlich ganz stabil »Welt«. Und die sie betreffenden Zeichen scheinen auf direktem Wege einen ganz natürlich zugehörigen, eben ihren Gegenstand zu finden.

Ich stecke also sozusagen in einer doppelten Klemme. Zum einen schüchtert mich die Antwort des Realen ein. Hier muß ich, fühle ich, etwas neues suchen, einen stärkeren Tobak, etwas das wie Heroin schmeckt. Doch fällt mir dazu nichts anderes als Rückkehr ein, blutverschmierte Zombies, Wiedergänger. Zum anderen kompensiere ich den aus dem Schock abgeleiteten Gefühl von Realitätsmangel mit einer Sexualisierung der vorangegangenen, der eigentlichen Pop-Phase. Begegnungen mit Frauen und Transvestiten werden mit Songs übereinander geblendet – und ihre Substanz verfälscht. Noch ist mein Vertrauen in Songs sehr groß, sie sind wahrer als die Wirklichkeit. Sie sind mir, was Brecht die Wolke ist, in der Erinnerung an Marie A. Sich an sie

XXII

zu erinnern, an ihr zauberhaftes Auftreten in der Wirklichkeit, ist wichtiger als das, was die Wirklichkeit gerade verzauberte, etwa diese Marie. Freunde und vor allem Freundinnen werden zu Typen, zu Songtypen nämlich, musikindustriellen Standards sogar, auch wenn ich sie gar nicht als Klischees erfahren habe, wie mich selber, sondern wenn sie nur für die Absichten des Buches zu handhabbaren Vertretern der doch nur zerstückelt erreichbaren oder erreichten Realität werden mußten. Am Schluß ist die »Kultur« der Feind, der als einzige Koordinate im ganzen Buch konstant bleibt, in der Metaphorik des titelgebenden Songs »Sexbeat« ebenfalls eine Frau, die dem Mann sein wertvolles Sperma/Seele klauen will. Grusel.

Dabei ist es kein Wunder, daß sexuelle Ambivalenz und die »Konstruiertheit von Geschlechterpositionen«, wie man heute sagt, an exponierter Stelle in »Sexbeat« immer wieder, wenn auch hilflos, vorkommen. Zwei teilweise erwähnte und in andere fiktive Personen eingebaute Freunde hatten mich ja frühzeitig entsprechend sensibilisiert: der eine, indem er sich als Fräulein anzog, der andere, indem er auf die Notwendigkeit bestand, sich als Junge ficken zu lassen, als sozusagen nächsten Schritt des Weiter, nach LSD – sonst hätte man eben nichts verstanden, am allerwenigsten die Frauen. Dies war nicht einfach ein alternativer oder anderer Lebensstil, sondern auch eine theoretische und politische Position und sie ließ sich nur erreichen, seiner Argumentation zufolge, wenn man auf eine bestimmte Art lebte, sozusagen authentisch ficken und gefickt werden – gleichwertig – lebte. Ein dritter Bekannter lief mit Badges herum, auf denen er seine heterosexuelle männliche Identität mit Sprüchen wie »Ich hasse meinen Penis« dissen wollte. Darüber haben wir gelacht. Aber eben auch diskutiert, nur war das vor Punk, 1975 bis 1977, danach interessanterweise nicht mehr. Die allgemeine »Denaturalisierung« aller Lebensverhältnisse durch Punk schien die Konzentration auf einzelne konkrete, wie Sexualität, zu erübrigen.

XXIII

Auch wenn der nicht erfolgte Durchbruch zu einem anti-essentialistischen Feminismus vor und vor allem während des Schreibens für einen immer wieder beschrittenen Weg mittenmang in eine Regression, einen Versuch, Boden unter die Füße zu bekommen – und sei es ein Boden aus mehr oder weniger scherzhaft gebrauchten Kollektivsingularen – verantwortlich ist, ist vielleicht der seltsame Kampf gegen die »Kultur« der noch tiefere Schlüssel für die Aporien von »Sexbeat«. Zuweilen scheint die Mainstream-Kultur gemeint zu sein, das Feuilleton, dann die Kulturindustrie, dann jeder Überbau und gelegentlich hat man den Eindruck, als käme ich am Ende eines Zirkels wieder bei der Kritik von Zeichenhaftigkeit an sich an, bei einem durch die Spirale gejagten Authentizismus.

Meine Kritik an dieser »Kultur« führt jedenfalls immer wieder zum Begriff des »Pluralismus«. In dem Buch klingt das, als wäre die Bedeutung dieser Chiffre allgemein geklärt. »Pluralismus« steht für einen alles entwertenden, verramschenden Trick der Herrschenden, die Äußerungen der Beherrschten unschädlich und wirkungslos zu machen. In der Entscheidung, für die allgemeine Verblendung ausgerechnet das Institut der Meinungsfreiheit verantwortlich zu machen, könnte man einerseits eine rechte Denkfigur erkennen – die vielen beliebigen Meinungen entwerten jede Wahrheit. Oder andererseits eine besonders raffinierte linke Dialektik – gerade da, wo scheinbar alle zu Wort zu kommen, kommen sie auf eine ganz besonders perfide Weise nicht zu Wort. Es war etwas von beidem in dieser Idee. (Diese Idee war nicht nur meine, ich finde beim vorläufigen Blättern in 80er-Dokumenten gleich zwei Beispiele einer entsprechenden Redeweise bei so unterschiedlichen Autoren wie Wilfried W. Dickhoff (1984 in einem Text über Dahn/Dokoupil) und Thomas Meinecke (1987 in einem Beitrag für »Polytexte«).)

Aber entscheidend waren doch wohl zwei Erfahrungen, für die noch keine Begrifflichkeit existierten. Erstens: Es gab eine Öffentlichkeit, Austausch, Debatten und Diskursivität, die nichts mit der offiziellen zu tun hatte, obwohl dort doch angeblich jeder zu Wort kam. Dies war eine gar nicht unbedingt politischere aber dafür schnellere und unmittelbarere, realistischere andere Öffentlichkeit und zwar die der Pop-Musik. Zweitens: Verblendung und Ideologie der Mehrheitskultur wurden nicht unbedingt vom kommerziellen Kulturmarkt hergestellt, wie es die Kulturindustriethese wollte, sondern von einer semistaatlichen, semikapitalistischen Kulturöffentlichkeit, für die vielleicht analog das Wort Kulturbürokratie gepasst hätte.

In dieser Kulturbürokratie wurde auf eine andere Weise das Geschäft der Verblendung besorgt als in der klassischen Ideologiefabrik der Kulturindustrie. Die Kulturbürokratie gab sich ja selber kritisch und hielt sich zum Zeitpunkt, als der Ich-Erzähler selbständig Erfahrungen zu machen beginnt, nicht nur legitimatorisch mit einem kritischen Diskurs am Leben. Einerseits richtet der sich scheinbar gegen ihren anderen, den kommerziellen Anteil, mit dem diese kulturbürokratische Öffentlichkeit aber andererseits ganz offensichtlich in ihrer Praxis und analog zum fordistischen Kompromiß der Sozialpartner ihren Frieden gemacht hatte. Im öffentlich rechtlichen Fernsehen und in den großen staatstragenden, liberalen Ideologiemaschinen »Stern«, »Zeit« und »Spiegel« hatte sich dieser Kompromiß seine eherne Form gegeben. Gegen diese spezifische spätfordistisch-sozialdemokratische Ideologieproduktion konnte man nicht nur auf die Idee kommen, Radikalismen aller Art zu mobilisieren, man konnte auch auf die – natürlich falsche, nämlich rechte – Idee kommen, die Pluralität an sich und nicht die spezifische Organisation von Pluralität, die ich hier von links als »Pluralismus« kritisiere, sei der Fehler und man müsse präpotente Totalitarismen gegen sie aufbieten oder nietzscheanische Kraftprotzereien – eine apodiktische Ausdrucksweise hatte sich ja schon alle nach und nach angewöhnt.

Wenig bedacht wird allerdings in den meisten heutigen Reflexionen über die Rolle der Pop-Musik und die ihr ehedem hin und wieder zugedachte Funktion von Subversion oder Gegenkultur, daß es die Pop-Musik früher mit ganz anderen Gegnern zu tun hatte. Wenn heute Autoren wie Edo Reents fast schon triumphierend feststellen, daß Pop-Musik freilich immer schon eine kapitalistische und daher auch nie subversive oder systemfeindliche Kraft gewesen sei oder Tom Frank herausfindet, daß stilistischer Umbruch und Kulturrevolution auch immer schon ein kapitalistisches Projekt gewesen sei, wird übersehen, daß Kapitalismus nicht immer nur die deregulierende und deterritorialisierende Dimension hatte, die man heute dem Markt zuspricht. Konkrete Kapitalismen verbinden sich mit konkreten Formen von Staatlichkeit. In den disziplinargesellschaftlichen Nachkriegsformationen addiert sich der disziplinarische Fabriken- und Massenproduktions-Kapitalismus und die Staatlichkeiten des Kalten Krieges zu einer einzigen betonierten und aggressiven Front, die zunächst auch minimale Abweichungen der Lebensform nicht duldete. »System« – das Wort für den Zusammenhang von Staat und Wirtschaft – war noch der Name einer inklusiven Festung, nicht der einer nach innen (repressiv) toleranten, nach außen (gleichgültig) repressiven globalen Ordnung.

Deren Fortsetzung von den späten 6oern bis in die mittleren 8oer Jahre war zwar einerseits libertärer (gerade auch im prokapitalistischen Verständnis von »libertär« wie in der sogenannten »kalifornischen Ideologie«) oder hatte sozialdemokratisch Elemente der linken und gegenkulturellen Kritik in die staatliche Kultur- und Freizeitorganisation aufgenommen. Doch noch immer ging Zwang von staatsförmigen und fixen Institutionen aus, gegen die ein Bündnis aus Lebensstilavantgarde und bis zu einem gewissen Grade Kapitalismus-kompatiblen gegenkulturellen Konstruktionen sinnvoll war. Erst die globale, digitale und tendenziell post-staatliche Organisation von Kapital läßt auf den ersten Blick keine taktische Indienstnahme kapitalistischer Strukturen oder Substrukturen mehr zu und hat den Grad von flexibler Antwort erreicht, den Kritiker der vermeintlichen Naivität früherer Subversionshoffnungen auf die gesamte Nachkriegsgeschichte projizieren. Aber erst seit gut einem Jahrzehnt hat es sich vollständig erübrigt oder sogar als unsinnig bis gefährlich erwiesen, politische Bemühungen noch an einem Kampf um Lockerungserfolge auszurichten.

Pop-Musik kommt immer in zwei Formen vor, das gilt bis heute: als Vertretung und als Versprechen. Entweder ermöglicht sie mir den Eintritt in die Welt oder sie »verspricht« mir eine andere Welt. Entweder zeigt sie ein Bild von Leuten, zu denen ich mich stellen könnte, auf dem solche wie ich schon da sind, oder sie entwirft ein Bild einer leeren und neuen Welt, zu der sie zwar keinen Zugang weiß, außer diesen imaginären, die sie mir aber als Hoffnung anbietet. Sie macht im ersten Falle individuelle und kollektive Modelle sichtbar, präsentiert sie den anderen, führt sie fast aggressiv gegen diejenigen vor, die sie nicht kennen oder schätzen wollen. Verführt zu spontanen Flirts, Spontankäufen. Zum anderen bietet sie diese aggressiv vorgeführten Modelle zur Identifikation, vor allem aber die imaginären Perspektiven des zweiten Modells zum dauerhaften Ankauf für die individuelle Innenausstattung an. Das Material der Pop-Musik erscheint also immer entweder als soziales Material für gesellschaftliche Projektionen und für sympathisierende Politik, neben die man sich virtuell stellen möchte, oder wendet sich an die Innenperspektive: als Material für Träume und Perspektiven, bei denen mein Aussehen, mein eigener Körper ausgespart bleiben, wo die subjektive Kamera eingenommen wird, die mich selbst nicht im Blickwinkel hat. Was in der britischen Pop-Musik der frühen 8oer vor allem angeboten wurde, war soziales Material: Mein imaginierendes, projizierendes, identifizierendes Ich war immer mit im Bild, mein Begehren war immer mit objektiviert und das fand ich gut. Es war im selben Bild wie das Begehrte. Stand daneben und blieb so bei aller guerilla-semiotischen Solidarität auch für sich.

XXVII

Die Gewalt, Faszination und Verunsicherung hingegen, die von amerikanischer Rock-Musik, von der Musik nach Hardcore-Punk ausging und für die hier der Gun Club steht, bietet mir das Oberstübchen von Sängern und Gitarristen als »Cockpit der Wahrnehmung« (Tom Holert) an. Paradigma: Air-Gitarre. Man steigt ein und hat dieselbe Pilotenperspektive auf zu erobernde Territorien. Ich bin nicht mehr *neben* der Band, sichtbar Mitglied desselben Zusammenhangs, aber ohne Identifikationszwang an meinem eigenen Platz neben den Stars, sondern nun ist es so, als ob ich *in* der Band wäre und auf dieselbe Wüste oder Autobahn starre. In den als »politisch« und »gesellschaftlich« maskierten und diskutierten Kontroversen dieses Buches stecken oft genau diese beiden Perspektiven, ihr Auseinanderfallen, ihre Dissoziation im Verlauf der Pop-Geschichte – und wie sie an unterschiedliche Gebrauchsweisen fallen und unterschiedliche Gebrauchswerte entwickeln. Dabei doch von Grund auf aufeinander angewiesen bleiben und einander zugehörig, zwei Pole. Metonymie und Metapher.

In gewisser Hinsicht widerlegte Techno eine zentrale These dieses Buches: Es ging nämlich doch WEITER. Leute blieben länger auf, Leute hörten noch lautere Musik, nahmen noch mehr Drogen – und es waren auch immer MEHR Leute. Ja, es war zuweilen als hätte Techno sich »Sexbeat« als Drehbuch genommen: Alle Erfolgsmeldungen aus dem Inneren der Bewegung beharrten immer wieder vor allem auf diesen beiden Meldungen: länger und mehr. Weiter! Im Gegensatz zu den für dieses Prinzip in »Sexbeat« aufgerufenen gegenkulturellen Bewegungen und Ideen griff Techno aber nicht über auf andere Lebensbereiche und Denkstile. Techno demonstrierte auch, daß selbst noch länger und noch mehr und noch weiter ganz leicht als Markt und Freizeit abgewickelt werden können. Möglicherweise liegt das auch daran, daß Techno und viele seiner Nachfolgekulturen die eben beschriebenen zwei Perspektiven wieder versöhnen. Der Blick aus der Musik und

XXVIII

der Blick auf das Äußere des Repräsentanten der sozialen Seite der Musik fielen zusammen. Man ist im Beat, aber der Blick nach Außen fällt nicht auf irgendeine asoziale andere Welt, eine Wüste oder so etwas, sondern richtet sich auf genau diese soziale Vertreterfigur, die anderen Tänzer. Das ist einerseits totale, wahrscheinlich glückliche Immanenz, andererseits das Ende des Prinzips Gegenkultur, weil nicht mehr auf die Außenwelt gerichtet, sondern sich selbst genug – wie der eine LSD-Trip, der in diesem Buch geschildert wird.

*\*\**

Ich habe schon in der Schule Spaß daran gehabt, zu hören, daß man – etwa mit Lukacs – einen Autor gegen sich selbst, »hinterrücks«, lesen und interpretieren könne. Ich hätte nur nie gedacht, daß ich das mal mit einem Autor machen würde, den ich ganz gut von innen kenne, mit mir selbst von vor 17 bis 20 Jahren. Es war ja, anders als es in den Zeitungen zu lesen stand, die das Wiedererscheinen von »Sexbeat« gemeldet haben, nicht der Verlag, der das Buch all die Jahre nicht neu auflegen mochte. Es war der Autor selbst, der sehr froh war, als in den frühen 90ern die dritte Auflage ausverkauft war. Um 1990 schon fing ich an die Type zu hassen, die dieses Buch geschrieben hatte und war froh, wenn ich mich nicht mit ihr auseinandersetzen mußte. Es war nicht so sehr ein Unbehagen über die Positionen, die hier formuliert wurden, zuallererst war es Ekel vor dem Ton. An die Stelle der elegant apodiktisch gehackten Schreibmaschine, waren inzwischen die endlos variierbaren Texte des Computers getreten. Keine endgültigen Fassungen mehr und ihr Pathos, sondern ein Pathos der Vorläufigkeit, der Version, des Diskussionsbeitrages, aber auch des Details und des Experiments ersetzte die Behauptungsprosa und die Kollektivsingulare der Jahre 79–87. Plötzlich war auch Schreiben Remixen und das Erstellen von Versionen über Versionen, wie es die Dub-Kultur liebte. Digitale Texte richteten sich weniger en face an die Welt da draußen als zunächst mal an sich selbst und die Welt um einen herum. Man brauchte sie, nicht um sich über etwas zu vergewissern, sondern tatsächlich wieder um darüber zu diskutieren.

Später waren dann auch die inhaltlichen Positionen von »Sexbeat« abwegig geworden, wenigstens überholt. Vor allem durch die Rezeption des nun auch in Deutschland angekommenen anti-essentialistischen Feminismus und der durch die seit ca. 87 tobenden HipHop-Debatten und die deutsche Vereinigung angekurbelte Rassismus-Diskussion waren ein neues Vokabular für das Verhältnis individuell kulturellen Erlebens zu Politik und Kritik nicht nur entstanden, sondern alltäglich geworden. Ich sah mir das Buch nun nicht mehr an. Als ich es doch einmal tat, kam zu dem Haß auf den Typen und seinen Ton, also auf den Körper des Textes, noch der ideologiekritische Ekel vor seinem Geist: der nur allzu durchschaubaren, spätpubertär ungeschickten Thesenproduktion. Aber obwohl ich gegen die Ideologie von »Sexbeat« später wieder milder werden konnte, ja zuweilen gar fand, daß hier doch sehr früh Diagnosen gestellt wurden, auf die so viele Autoren heute noch stolz sind, mit dem Typen, seiner Persönlichkeit bin ich auch heute noch nicht im Reinen.

Vor drei Jahren wollte man einem anderen befreundeten Verleger bei der Leipziger Buchmesse ein Exemplar von »Sexbeat« für DM 250.– andrehen, woraufhin der mich versuchte, für eine Neuauflage zu bewegen. Okay, mit einem sehr langen Vorwort! Selbstanalyse. Durcharbeiten. So lange und so tiefschürfend mußte es nun doch nicht sein. Letztes Jahr erschien ein Aufsatz von Matthias Waltz, in dem »Sexbeat« so freundlich und unaufgeregt durchgeblättert wurde, daß ich zum ersten Mal glaubte, auch ich könne jetzt dem Autor von damals wieder ins Gesicht sehen. Bei einem Essen im Hause Bonz in Bremen fügte Waltz seiner Diagnose die Frage hinzu, die er in seinem Text weggelassen hatte: »Aber warum kommen da bloß die Frauen so schlecht weg?« Tja.

Birgit Schmitz' Einsatz bei Kiepenheuer & Witsch und ein Appell auf den »Berliner Seiten« der FAZ überzeugten mich nicht nur endgültig, das Buch wieder zugänglich zu machen, sondern auch, mir noch einmal Autor und Atmosphäre der Jahre 83 bis 85 vorzuknöpfen. Dabei fiel mir auch auf, daß mein ziemlich ausgeprägtes Gefühl, mich als Autor zwischen 83 und 87 nicht zu mögen, auch mit dem Mißverhältnis von Praxis und Produktion in diesen Jahren zu tun hat. Zwischen 83 und 87 zehre ich im Prinzip von Begriffen und Ideen, die zwischen 75 und 82 entstanden sind. Diese Begriffe dehnen und wölben sich immer unappetitlicher, bis mit einem Text im März 1988 – über die Gruppe Spacemen 3 – plötzlich das nur Geahnte und Gefühlte der Jahre nach »Sexbeat« wieder zu Begriffen findet und ein neues Gedachtes wird. Eine nicht unwesentliche Ursache – neben Musik, Leben, Redaktionsarbeit etc. – dafür ist tatsächlich das Schreiben mit einem Textverarbeitungsprogramm, das wie eine Gedulds-Prothese dem nervös Ungeduldigen die Bearbeitung des schon Geschriebenen erleichtert. Während ich zuvor jede Apodiktik und Behauptungsprosa stützende Lebenslüge akzeptierte, nur um einmal Geschriebenes nicht mehr durcharbeiten zu müssen, gab es jetzt die Möglichkeit zu einem narzißtischen Baden im eigenen Text, das mitunter schöner sein konnte als jedes Fertigwerden.

Freies Arbeiten an den »eigenen« Themen hatte wieder mit dem alten Versprechen zu tun, in der Kultur »nicht richtig« arbeiten zu müssen und wurde wieder potentiell zur Arbeitsverweigerung. Zu einer allerdings ziemlich fleißigen Verweigerung und so zu einer anderen »entfremdeten« Arbeit, vermutlich. Und mit diesem Gefühl erreichte ich das typische Selbstverständnis postmoderner Kulturarbeit und ihres Selbstbetruges, wie es dann auch in späteren Büchern von mir und anderen immer wieder thematisiert wird. Dennoch ist das durch diesen Trick entstandene Einverständnis des Autors mit seinem Arbeitsgerät psychologisch nach wie vor nützlich. Nun gut, das war in den frühen 90ern – aber was sich seitdem alles verändert hat, steht ja in Büchern, die durchaus noch lieferbar sind.

Langsam setzte eine weniger existentialistische Revision der Konfrontation von Pop-Musik mit ihrer Politik ein. Entweder verstand man, etwa bei »Spex«, Musik und ihre Versprechen, als einen Ort, an dem sich etwas artikulierte, das sich (noch) nicht politisch artikulieren konnte und so ein Defizit der Demokratie kompensierte. Oder Pop-Musik war der Ort, den man bewußt (»strategisch«) wählte, weil er in direkter und ungebremster Weise zu politischer Kommunikation führte. Später scheiterte auch dieses Modell erstmal, weil man zum einen nicht mitbedacht hatte, wie gerade diese quasi-politischen Artikulationsformen ein wesentliches Element neuer postfordistischer Produktionsweisen wie Subjektivitätsformen stellten. Zum anderen weil man auch nicht mehr so recht wußte, was in den multipel zerfasernden kulturellen Formaten, noch die Spezifika einer schützenswerten und politischen Pop-Musik wären. Diese Entwicklung zu thematisieren ist hier nicht der Platz, doch sie gehört zu einer Phase, von der zu distanzieren ich deutlich weniger Lust und Grund habe. Diese Zeit der sogenannten Pop-Linken wäre aber, so gegensätzlich sie in vielem verlief, auch ohne die irrlichternde Vorarbeit, das Begriffs-Searching der »Sexbeat«-Phase für mich nicht möglich gewesen. Möglich wurde diese Politisierung und im Zusammenhang damit ein Denken, das weder auf die schnellen und sensuellen Informationen der Pop-Musik als Öffentlichkeit verzichten, noch dies verbinden mußte mit einem konstitutiven Ausschluß und einer Konstruktion von Alterität, aber auch nur durch den Zwang zu einer Re-Orientierung, zu dem es nach dem Ende des Kalten Krieges und der alten BRD auch keine Alternative gab.

XXXII

Denn »Sexbeat« ist auch politisch-historisch noch an einem exterritorialen Ort geschrieben worden. Niemand von uns wollte damals wissen oder anerkennen, »in Deutschland« zu leben. Weder im Hinblick auf »Vergangenheitsbewältigung«, noch im Hinblick auf den aktuellen Zustand der BRD der beginnenden Kohl-Ära. Echte Politik wie echte Geschichte bleiben aus der sonst so politisch tingierten und geschichtsphilosophisch tönenden Rede ausgeblendet, nicht zuletzt, weil der »vorläufige« Status der BRD mehr oder weniger explizit mit der Sekundarität des Pop identifziert wurde: zur gegenseitigen Zufriedenheit. Diese prä-deutsche Lage bildet aber keine einfache Kontinuität zu einer anti-deutschen Position in der Zeit nach der Wiedervereinigung, wie manche Pop-Schreiber heute zu ihren Gunsten meinen. Eher erkennt man in der ewigen Nichtzuständigkeit, in der als total imaginierten Exterritorialität der eigenen kritischen Position etwas von einer freiwilligen politischen Entmündigung, der die besseren unter den diversen heutigen antideutschen Positionen gerade eine Absage erteilen, indem sie ihr heutiges kulturelles und politisches Handeln auf deutsche Vergangenheit beziehen (manchmal allerdings leider mit einem ähnlich depolitisierenden Ergebnis – das wäre dann eine negative Kontinuität zur prä-deutschen Pop-Position). Daß wir damals gerade nicht die deutsche Vergangenheit zum Grund unseres Desinteresses an deutscher Pop-Kultur erklärten, sondern sogar Anknüpfungspunkte in einer vermeintlich früheren Leichtigkeit des Deutschen vor 33 entdeckten, kann man auch an der blöden Lockerheit erkennen, mit der dann auch das KZ zur Metapher wird.

Was war das jetzt also für ein Vorwort? Sprach hier ein Autor, der ein Buch von sich vorstellt, mit dem er offensichtlich nur noch sehr wenig einverstanden ist? Zu dem er nicht mehr steht, wie man so häßlich sagt? Nicht ganz: Früher konnte man nur weiter vertreten oder negieren, was man einst war. Digitale Kultur legt dagegen immer neue Versionen nahe – auch das ist auf die Dauer unbefriedigend, sofern nicht etwas, wovon die Versionen Versionen sind als konstant gedacht wird und einen solchen starren Kern der Person, das mythische Selbst, wollen wir uns ja auch nicht vorstellen. Statt dessen kann ich dieses Dokument ganz und gar unverändert, als von der ersten Danksagung bis zum letzten Druckfehler unverändertes Zeugnis akzeptieren, wenn ich ihm meine heutige – vermeintlich ganz andere – Gegenposition ebenso kompromißlos zur Seite stelle. Es ist dann an den Leserinnen und Lesern, gegen meine narzißtischen Wünsche Gemeinsamkeiten zwischen beiden zu entdecken. Daß man dagegen keine Vorsorge treffen kann, ist die Grenze jeder Distanzierung.

Dieses Buch ist heute genauso weit weg wie an seinem Erscheinungsdatum das Jahr 1968. Es zerschneidet die Zeit seitdem in zwei handliche Hälften aus 17 Jahren. Eines der Anliegen seiner Wiederveröffentlichung wäre zu zeigen, daß keine von beiden die bessere war. Ein anderes, daß die Trennung eines guten Lebens von seinen guten politischen Gründen ein guter Grund zur Aufregung ist – einer Aufregung, die ein bißchen verfeinert, schließlich die politischen Leidenschaften der Zeit zu artikulieren vermag.

Berlin, März 2002

*Für Jutta*

# Inhalt

Die Frau, die keine Frau war . . . . . . . . . . . . . . . . . . . 15
Second Order Hipness . . . . . . . . . . . . . . . . . . . . . . 17
Picabias blöder runder Kopf setzt sich durch . . . . . . . . 19
Endstation: Kybernetik . . . . . . . . . . . . . . . . . . . . 20
Quantität und Qualität: Mehr und Weiter . . . . . . . . . . 22
Hipness . . . . . . . . . . . . . . . . . . . . . . . . . . . . . 24
Die Verbrechen der europäischen Funktionsharmonik . . . . 25
Ohne Worte . . . . . . . . . . . . . . . . . . . . . . . . . . . 26
LSD und sein Ende . . . . . . . . . . . . . . . . . . . . . . . 28
Ton, Steine, Scherben . . . . . . . . . . . . . . . . . . . . . 32
Worüber man nicht schweigen kann, darüber braucht man
auch nicht zu reden . . . . . . . . . . . . . . . . . . . . . . 35
JVA Bohemia . . . . . . . . . . . . . . . . . . . . . . . . . . 39
1982 . . . . . . . . . . . . . . . . . . . . . . . . . . . . . . . 41
Länger aufbleiben . . . . . . . . . . . . . . . . . . . . . . . 44
Im Westen: Paris . . . . . . . . . . . . . . . . . . . . . . . . 47
Give Paris A Second Chance . . . . . . . . . . . . . . . . . 50
Was die Franzosen denken . . . . . . . . . . . . . . . . . . . 52
Catherine sagt . . . . . . . . . . . . . . . . . . . . . . . . . 55
London! Now! . . . . . . . . . . . . . . . . . . . . . . . . . 56
Post-Bohemia . . . . . . . . . . . . . . . . . . . . . . . . . . 59
The Privileged Poor . . . . . . . . . . . . . . . . . . . . . . 60
Der Hip-Intellektuelle . . . . . . . . . . . . . . . . . . . . . 62
Die Großfreunde . . . . . . . . . . . . . . . . . . . . . . . . 65
Trotzki, Engels, Eckermann . . . . . . . . . . . . . . . . . . 68
Beat . . . . . . . . . . . . . . . . . . . . . . . . . . . . . . . 71
Beat-Generation . . . . . . . . . . . . . . . . . . . . . . . . 72
Ein künstliches Paradies . . . . . . . . . . . . . . . . . . . . 74
Natur und ... . . . . . . . . . . . . . . . . . . . . . . . . . . 78
... Arbeit . . . . . . . . . . . . . . . . . . . . . . . . . . . . 82
Die Umwertung der Werte . . . . . . . . . . . . . . . . . . . 84
Malen mit der E-Gitarre . . . . . . . . . . . . . . . . . . . . 85
Bowie und Lüpertz . . . . . . . . . . . . . . . . . . . . . . . 87
Schmutzige Arbeiten . . . . . . . . . . . . . . . . . . . . . . 89
Frank . . . . . . . . . . . . . . . . . . . . . . . . . . . . . . 92
Bernd . . . . . . . . . . . . . . . . . . . . . . . . . . . . . . 94
Erfolg . . . . . . . . . . . . . . . . . . . . . . . . . . . . . . 95
Tim . . . . . . . . . . . . . . . . . . . . . . . . . . . . . . . 98

Der Oberschüler und die Mittelschülerin . . . . . . . . . . . 100
Die revolutionäre Klasse . . . . . . . . . . . . . . . . . . . 102
Die Oberschülerin . . . . . . . . . . . . . . . . . . . . . . 104
Frauen . . . . . . . . . . . . . . . . . . . . . . . . . . . . 106
Her mit den kleinen Engländerinnen! . . . . . . . . . . . . 108
Jazz-Rock-Sex . . . . . . . . . . . . . . . . . . . . . . . . 109
Nichtsex . . . . . . . . . . . . . . . . . . . . . . . . . . . 110
Cool . . . . . . . . . . . . . . . . . . . . . . . . . . . . . 112
Die Emphatisierung des Banalen . . . . . . . . . . . . . . 114
Die Faschisten . . . . . . . . . . . . . . . . . . . . . . . . 116
Der Unratkübel der Metaphysik . . . . . . . . . . . . . . 117
Eine Nacht in Sodom und Gomorrha . . . . . . . . . . . . 119
Bolshevique Chic . . . . . . . . . . . . . . . . . . . . . . . 122
Das Ende des Kommunismus . . . . . . . . . . . . . . . . 123
Der Triumph der herrschenden Klasse . . . . . . . . . . . 124
Die erste Enttäuschung . . . . . . . . . . . . . . . . . . . 126
Die zweite Enttäuschung . . . . . . . . . . . . . . . . . . 127
Die dritte Enttäuschung . . . . . . . . . . . . . . . . . . . 129
The Sound of Silence . . . . . . . . . . . . . . . . . . . . . 133
Versuch einer Apologie des Sounds . . . . . . . . . . . . . 135
Relativismus und Minimalismus . . . . . . . . . . . . . . . 136
Die Krise der modernen Physik . . . . . . . . . . . . . . . 138
Intellektuelle Promiskuität . . . . . . . . . . . . . . . . . . 140
Der dialektische Uhrzeiger . . . . . . . . . . . . . . . . . . 143
Drogen . . . . . . . . . . . . . . . . . . . . . . . . . . . . 145
Warum es nicht mehr nötig ist, Hans Neuenfels
erschießen zu lassen . . . . . . . . . . . . . . . . . . . . . 148
Klatsch als letzte materialistische Waffe
gegen die Meinung . . . . . . . . . . . . . . . . . . . . . . 152
Die blutverschmierte Wiederkehr der Dinge . . . . . . . . 155
Vergessen der Orientierungsdaten . . . . . . . . . . . . . . 157
Jesus und Maria . . . . . . . . . . . . . . . . . . . . . . . 160
Inhalts-Terrorismus . . . . . . . . . . . . . . . . . . . . . 163
Frauenfrage revisited . . . . . . . . . . . . . . . . . . . . . 167
Klassenfrage revisited . . . . . . . . . . . . . . . . . . . . 169
Beat-Kitsch . . . . . . . . . . . . . . . . . . . . . . . . . . 173
Ontogenese und Phylogenese . . . . . . . . . . . . . . . . 176
Der Abbau des Überbaus . . . . . . . . . . . . . . . . . . 177
Nachwort . . . . . . . . . . . . . . . . . . . . . . . . . . . 179
Register . . . . . . . . . . . . . . . . . . . . . . . . . . . . 181

*1979*
Now write down some lines tomorrow they are wrong/
Cure the pain and take some girls tonight you're strong/
It's now it's new and we take it it's now it's new and we love it
…
I hate to stop no I won't stop nihilism qu'est-ce que c'est
…
It's now it's new we have to take it
It's now it's new we have to take it
It's now it's new and we take it it's now it's new and we love it …
Nihilism is no fun.
  *Maxim Rad: »It's Now It's New«*


*1981*
They can twist and turn
They can move and burn
They can throw themselves against a wall
But they creep for what they need
When they explode to the call
And then they move … move
Sex beat … Go!
…
They're stupid like I told ya
They're stupid like I thought
They're stupid as the simple thought
of ever thinking at all.

...
I, I know your reasons
And I, I know your goal
We can fuck forever
But you will never get my soul
So you can move, so you can move
So you can move, so you can move, so you can ...
Sex beat.
   *Jeffrey Lee Pierce, Gun Club: »Sex Beat«*

*1984*
Once there was confidence
Now there is fear
Once there was laughter
And now only tears
Once there were reasons
For our optimism
now we are drowning
in a sea of cynicism
...
Well, you say I am young and naive
because I go on CND-marches
But that's my decision
And I think you're the one who's naive
Because you believe all the things you see
On Television
It's all propaganda
And like a fool you accept it
Or like a fool you ignore it
Instead to try and stop it
And find a sense of belonging.
   *(Television Personalities, »A Sense Of Belonging,)*

*Dank für Anregungen und Inspirationen an: Dr. Simone Andersen, Anja Bissinger, Timo Blunck, Detlef Diederichsen, Dr. Dr. Rainald Goetz, Jutta Koether, Joachim Lottmann, Albert Oehlen, Markus Oehlen, Stephan T. Ohrt, André Rademacher, Nicola Reidenbach und Mayo Thompson.*

# Die Frau, die keine Frau war

1973 überstürzten sich die Ereignisse. André und Andi hatten die schönsten langen Haare. Der eine blond, der andere braun. Sie spielten lange, virtuose Blues-Duette auf ihren beiden Gitarren, wie Johnny Winter und Rick Derringer zwei Jahre zuvor in der Musikhalle. Eines Tages stieg ich in den 174er, am gewohnten Tag, zur gewohnten Zeit, und die Haare waren ab.

Wir fuhren zum »Blu 2000«. Wie jedes Wochenende. Sogar aus der Stadt kamen die Leute damals angereist, die ganze U1-Route bis Volksdorf, um hier ein *Zehnerpiece* zu kaufen und vor dem Lokal oder im Park nebenan zu lungern und zu dämmern. André und Andi hatten ein Mädchen dabei. Ein unnatürlich großes Mädchen mit einer goldenen Handtasche, langen Wimpern, langen blonden, zur Seite gescheitelten Haaren und einem herben, campy Hollywood-Gesicht. Doch von Camp wußte ich damals noch nichts. Ich hielt sie nur für böse. Zweifellos verachtete sie mich, weil ich mir nicht wie ihre beiden Begleiter die Haare abgeschnitten hatte.

Eine verunsichernde Episode.

Am kommenden Freitag trafen wir uns bei Gizicky in Wellingsbüttel. Gizicky war etwas anders. Er hatte einen breiten proletarischen Slang kultiviert, trank viel Bier und hörte Alice Cooper. Als die SPD 1972 ihr Traumergebnis herausgeholt hatte, war er am selben Abend auf einem Alice-Cooper Konzert gewesen. Er war für die CDU, und wir mochten Alice Cooper nicht mehr, weil er seit »Billion Dollar Babies« *kommerziell* geworden war. Gizicky kam spät und angetrunken zur Wahl-Party. Wir waren bekifft. Gizicky torkelte in seiner unvergleichlichen Art, die Matte aus der Stirn werfend, in den Party-Keller und gröhlte: »Wahl scheiße, aber Alice Cooper war geil!«

An diesem Freitag wollten wir uns vollturnen. Das *Turnpiece* gab es im »Blu«. Wir hatten einen Stammhändler. Ein sehr smarter Junge. Der blaue Käfer wurde im Park stehengelassen. Gizicky war wieder ein paar Meter vorausgewuselt. Bevor die Gruppe mit vier Jungs und zwei Mädchen in ihrer betont coolen, schlurfenden Gangart den Marktplatz vor dem »Blu« erreicht hatte, war Ernst von Gizicky schon wieder umgekehrt.

– Dieter ist völlig durchgedreht.

– Wieso?

– Das müßt ihr sehen.

Dieter stand mit seinem ebenso smarten Freund so smart und cool wie immer an eine Außenmauer des Blu gelehnt und grinste uns an. Er und sein stummer, ewig grinsender Freund hatten sich nicht nur ihr Po-langen, mißfarbenen Haare abgeschnitten, sie hatten sie schwarz gefärbt, hatten sie zu obskuren Tollen gefettet, trugen violettrote, bzw. blaue Dinner-Jacketts, Rüschenhemden und schwarze Samtbinder. Sie sahen aus wie ...

Wie? Das wußte keiner von uns so genau.

– Warum habt ihr das gemacht?

– Grinsen. Cooles Zähneknirschen. Zeichen von Kokaingenuß, was damals ebenfalls keiner von uns wußte. Wir waren strikt auf Acid und Shit.

– Nun, sag doch! Was soll das?

– (Grinsen) Weil wir das (Pause) *geil* finden.

Sommer 73. Roxy Music, Lou Reed. Die Welt aus Haschisch,

16

Doors und Grateful Dead brach zusammen. Und wir waren noch nicht einmal 16.

Die Frau, die ich neben André und Andi gesehen hatte, sollte mir noch öfters begegnen. Wir nannten sie »das Mädchen mit den männlichen Gesichtszügen«. Doch sie war ein Junge, nicht einmal schwul und hatte nur von Tallulah Bankhead, Quentin Crisp und Oscar Wilde gehört. Ein zu früh geratener Boy George, der sich als einer der ersten zu einem Streifzug durch die historische Hipness aufgemacht hatte und gerade bis über beide Ohren in Camp versunken war. Camp, heißt es in einem Buchtitel über diese ursprünglich schwule Ästhetik, ist die Lüge, die die Wahrheit sagt. Etwas, was für viele Konfigurationen der Subkultur gilt.

## Second Order Hipness

Okay. Das, was damals begann, nenne ich Second Order Hipness. Ich kann nicht sagen, wie lange schon, aber es muß schon eine Ewigkeit gewesen sein, daß es so ging.

Wie ging?

*Weiter.* Es ging immer *weiter*, es lief eine ungeheure, monumentale, nicht zu stoppende Expansion in Bohemia. Bohemia, das ist das Land, in dem nichts still steht. Das Land der Ungewißheit, der willkürlichen, autochtonen Kraftakte. Und immer, immer ging es nach vorne, ging es weiter, ging es in die Tiefe, wurden Grenzen eingerissen. Tabus verletzt. »Further, further«, sagte Ken Kesey auf einer Vietnam-Veranstaltung Ende der 6oer. Es ist wichtig, daß es *weiter* geht. Wir brauchen kein LSD mehr. Wir sausen durch unser Bewußtsein. *Further, further.*

Immer war da die Gesellschaft, der Staat (die Spießer!) und baute seine Bastionen, Barrikaden auf, und Generation um

Generation machten sich die Außenseiter aus Bohemia auf, einzureißen, was es einzureißen gab: Hörgewohnheiten, sexuelle Tabus, Gesellschaftsordnungen, Sehgewohnheiten, spirituelle Schranken, Charakterpanzer.

Relativ unbemerkt von Bohemia entwickelten die Staaten das, was Marcuse »repressive Toleranz« nannte. (Man muß einmal versuchen, diesen Begriff einem Amerikaner beizubringen!) Also! Bohemia konnte noch so sehr in Innereien wühlen. Der Staat hatte es längst erlaubt und sogar subventioniert. Zum Verzweifeln. Ultimative Permissivität. Willy Brandt, Lebensqualität bis an den Hals. Und trotzdem immer noch die ganze restriktive, kapitalistische Scheiße, der weniger denn je zuvor beizukommen war …

Die Geschichte von »Second Order Hipness« ist die Geschichte von Bohemia im Zeitalter maximaler Permissivität und darüber hinaus. Es ist die Geschichte der ersten Bohemia-Generation, die sich auf eine zweite Ebene begeben mußte, um *weiter* zu kommen. Die die Wahrheit schlucken mußte, daß *Weiter* nicht mehr *weiter* bedeutet, sondern daß *weiter* nichts anderes ist als das *Andere*, von dem Ken Kesey bei dieser Rede vor dem Vietnam Day Committee 1966 immer sprach, als er davor warnte, *denen ihr Spiel zu spielen.*

Was damals, an jenem Abend im Sommer 1973 das bisherige Kontinuum des »Weiter und Weiter«, um nicht *denen ihr Spiel zu spielen*, in der Luft zersäbelte, war die Einführung von *Historizität als Waffe* in den Hipster-Kosmos, und zwar als Waffe unserer Generation gegen die vorangegangene.

Es war der Sündenfall, der Beginn der Zeit. Die Erkenntnis, daß es einen Tod, ein Ende, ein *Nicht-mehr-weiter* auch im Garten Bohemia gab. Das, was für die Kunst die Idee der Post-Moderne schaffen sollte (die ja doch auch ein »Weiter« war: Post. Überwunden. Weiter) oder der Transavantgarde (auch sie ein verkapptes »Weiter«. Trans. Transzendenz. Trans Europ Express).

Wir, die wir in den späten 50ern zur Welt kamen, mußten daher in unserer knappen Zeit, die wir noch hatten, nämlich bis 72/73, bis die Idee der Hipness und das Staatswesen von Bohemia ihre Unschuld verloren, sehen, daß wir die Geschichte des *Weiter* noch schnell auf die Reihe bekamen.

Nicht als zu studierende Geschichte, versteht sich, sondern noch als erlebtes *Weiter*. Denn noch war ja in diesen frühen 70ern nicht klar, daß unsere nächste Waffe die Historizität sein sollte. Aber es war nötig, die Möglichkeiten des *Weiter* durchzuprobieren, aufzusaugen. Instinktiv wissend, daß alle Subideologeme nicht mehr allzulange im Angebot sein dürften.

## Picabias blöder runder Kopf setzt sich durch

Sieht man sich Bohème-Charaktere vergangener Generationen an, stellt man fest, daß ihre Leben von Bemühungen in einer Richtung gezeichnet sind. Ein Fall wie Döblin oder Hamsun oder Benn – also Leute, die die Richtung wechseln, sind die Ausnahme. Und nicht einmal die, die es getan haben, haben wirklich gewechselt. Meistens waren das nur Versuche, irgendwo unterzukommen, die an der Individualität des einzelnen Lebensentwurfs scheiterten.

Schon unsere Vorgänger-Generation hat haufenweise Lebensläufe anzubieten, die sich durch Wechsel, Wenden und Umkehrungen auszeichnen. Immer kommt die Erleuchtung aus der Ecke, wo man sie am allerwenigsten erwartet hätte. Der Kommunist wird zum Alchimisten, der Zen-Buddhist kämpft mit der RAF, der Charles-Mingus-Anhänger wird über den Umweg von Glam-Rock zum minimalistischen Konzept-Künstler.

Doch kostete jeder dieser Wechsel das betroffene Individuum

viel Herzblut, durchzog Ehen, Lebensplanung und Individuationsstrategie. War noch ein pathetisches Opfer auf dem Altar des *Weiter*. Und das wichtigste: Diese Dinge spielten sich zwischen 20 und 35 ab.

Bei uns gab es schon kein richtiges *Weiter* mehr. Denn wir wollten ja weiter mit Hilfe der Mittel, die uns vergangene Generationen hinterlassen hatten. Immerzu wollten wir bis zu jenem denkwürdigen Abend noch weiter. Zur Urgesellschaft, nach Tibet, Nirvana oder zum wiedervereinigten, sozialistischen Deutschland der neuen KPD.

Wir wechselten in halbjährigen Abständen Weltanschauung und Musikgeschmack. In unserer Jugendzeit. Wir verfügten über die Redewendung »Ich bin jetzt auf dem …-Trip«, »… habe meine …-Phase.«

Und alles geschah zwar unter Strömen pubertären Herzbluts, wär ja sonst nichts wert gewesen, die Triebfeder aber war die entsetzliche Panik, die uns die Gewißheit gab, alles Wesentliche versäumt zu haben.


## Endstation: Kybernetik

Sommer 1973. Noch mal. Meine gut fünf Jahre älteren Freunde von einer Jazz-Rock-Gruppe fahren mit mir und einer traditionsreichen Hamburger Kommune für ein Wochenende auf die dänische Insel Röm. Dort kommt es zu einem langen Spaziergang mit einem älteren Hippie, der mich auf dem Höhepunkt philosophischen Durcheinanders erwischt. Westen oder Osten, Marx oder Nietzsche, Beefheart oder The Sweet, Brandt oder die KPD/ML – das ganze Zeug. Dieser Mann ist nun noch *weiter*. Er hat Philosophie und – ach! – Religion hinter sich gelassen und, während er seine langen lockigen grauen Haare im Wind flattern läßt, redet von Kybernetik.

Unsereinem war in solchen Situationen allerdings klar, daß es
den Spielregeln des *Weiter* widersprochen hätte, wenn wir nun
begonnen hätten, uns für Kybernetik zu interessieren. Erstmal
mußte man durch alles andere durch, um so großartig vielver-
sprechende Erleuchtungszustände zu erreichen, die es dann eines Tages auch uns erlauben würden, am Strand von Röm über
5000 Jahre Abendland nur zu lachen, mit einer von tief innen
kommenden LSD-weisen Stimme. Nein, dies machte uns nur
klar, wie sehr wir uns zu beeilen hatten. Wie schnell wir möglichst weit kommen mußten, um in die Paradiese solch cooler
Weihen wie Kybernetik zu gelangen.
Und dann war das LSD wieder so unerbittlich, uns in eine
Sackgasse nach der anderen zu führen. Ein paar Tausend Jahre
zurück nach Indien, nach draußen in die Kälte des Kosmos,
oder in den Westen, wo unter kalifornischem Licht Grateful

Dead so lange improvisierten, bis sich die Töne in den eigenen Schwanz bissen. Das war ihr musikalischer Beitrag zu Kosmologie.

Jedenfalls steckten wir, die wir nicht historisch integriert waren in das Kontinuum des *Weiter*, um unseren eigenen Beitrag leisten zu können, sondern am Endpunkt standen, mitten im Schlamassel von Ontogenese und Phylogenese. Wir mußten sehen, daß wir die Geschichte von Bohemia und Hipness noch einmal verkürzt als eigene Autobiographie erlebten. Also Beeilung. Die Post geht ab.

## Quantität und Qualität: Mehr und Weiter

Die Geschichte des Nachkriegs-Weiter ist eigentlich schnell erzählt. Sie lief ab, wie die übliche Dialektik von Sinnzerstörung und Sinnstiftung seit langer Zeit Bewegung im Geistesleben formt. Der Exi tritt auf den Plan und sagt, daß wir hier nur hineingeworfen worden sind und alles ist schrecklich sinnlos, kein Gott, nur der Entwurf, wir sind einsam, der Mensch steht für sich. Und ein Jahr später kommt derselbe Exi und sagt, aber weil das alles so ist, müssen wir jetzt, wo wir hier sind, handeln, es bleibt uns ja nichts anderes übrig. Und die einzig vernünftige Art zu handeln ist im Sinne der KPF und der Sowjetunion. Genauso, wie die Feststellung, daß Bebop langsam uncool sei, automatisch Miles Davis' Erfindung des Cool Jazz hinter sich herzog.

Ja, es hing so gnadenlos zusammen, daß Charlie Parkers körperlicher Verfall sowohl als Folge wie als Voraussetzung dieses Prozesses gedeutet werden kann. Starb er, weil Miles hip wurde, oder wurde Miles hip, weil Parker langsam nicht mehr konnte.

Oder unser Exi kommt zurück und sagt: »Ich habe da gewisse Anklänge zur buddhistischen Mystik in unserem eigenen feinen kleinen Existentialismus gefunden.« Ah, prima! Sowjetunion out, Zen in. Klar, denn Zen war *weiter*. Die Sowjetunion mochte vielleicht die irdischen Probleme lösen, die Utopie des befreiten Menschen, der ästhetisch dann auch so frei atmen würde, daß er sich seine Arbeiterwohnung mit DeKoonings und Pollocks dekorieren würde. Aber das ist doch noch nicht alles. Es geht doch noch weiter. Nach innen. Nach außen.

Eine Frage der Dimensionen. Denn davon gab es noch andere. Sex zum Beispiel. In der Regel lief es darauf hinaus, daß die Beatniks, das waren die Hipster der 5oer Jahre, sich nicht darauf einließen, objektiv konkurrierende Ideologien wie sexuelle Befreiung und buddhistisches Mönchstum, Zen und Marxismus gegen einander auszuspielen und als Mittel des *Weiter* zu verwenden. In der Regel versuchten sie, gleichzeitig auf allen Gebieten weiter zu kommen. Erst war Zen interessant. Dann wurde alles darüber gelesen. Dann erschienen von der Westküste kommend erste Romane, in denen Beatniks vorkamen, die Zen lebten. Dann stand Anfang der 6oer ein Mittel zur Verfügung, das dem bis dahin beliebtesten Mittel der Meditation (Jazz spielen) einiges voraushatte: Jeder konnte es nehmen. LSD.

Aber das nur als Beispiel. Gleichzeitig ging natürlich die Politik weiter, ohne daß sie sich dafür selbst aufheben mußte. Ein Beatnik saß nachmittags auf einem Berg im Himalaya und war abends ein Linker. Und weiter ging es, als man massenwirksam jede Menge neue Themen fand und inszenierte. Die Entstehung der schwarzen Bürgerrechtsbewegung muß eine Expansion gewesen sein, wie heute die Umwelt-Bombe.

Das *Weiter* in der Politik war zum einen ein Fortschreiten von Kampfformen – von der Protestversammlung über die illegale Demo zur bewaffneten Stadtguerilla – zum anderen aber war es das *Mehr*. Immer mehr Leute standen hinter so einem Anliegen und da schlug natürlich ständig Quantität in Qualität um. Das Gefühl des *Weiter* war befriedigt.


# Hipness

Doch dieses *Mehr* lief einem anderen Parameter der Bohemia-Weltordnung entgegen, das fast so wichtig war wie der Imperativ des *Weiter*, und das war die Idee der Hipness.

Hipness ist ein Gütesiegel, das bohemiaintern einer Innovation entweder zugesprochen oder vorenthalten wird. Nach einer verschieden kurzen Periode wird es mit Sicherheit wieder aberkannt und einem neuen Produkt zugesprochen. Im naiven Bohemia vor 1973 fielen das *Weiter* und das »Hip« meistens zusammen. Hip war, was weiter war. Parker improvisierte über festlegendere Strukturen als Miles Davis. Miles ließ die Strukturen fallen und improvisierte »modal«. Plop, weg, frei, *weiter*! Also hip. Lennie Tristano war noch etwas freier. Hip. Dann erst Coltrane. Und so weiter.

Andrerseits galten auch schon in diesen Zeiten noch andere Kategorien, die über die Vergabe des Hip-Zertifikats entschieden. Zum Beispiel die Echtheitsfrage, die Soulfrage. Die Frage, ob einer eine Sache wirklich erkämpft, erarbeitet, erfühlt hatte, oder ob er einfach clever war. Und andere Fragen. Wichtig an der Hipness-Frage ist ihre Funktion als Anti-Vereinnahmungshebel. Immer, wenn die repressive Toleranz die neueste Errungenschaft Bohemias zu stehlen versuchte, konnte diese Errungenschaft zur Nichterrungenschaft erklärt werden. Sie war unhip. Der Hipster war einen Schritt weiter. Er hatte noch ein Ordnungsprinzip abgeschafft. Oder ein brandneues Sujet gefunden. Oder eine exotische Religion.

# Die Verbrechen der europäischen Funktionsharmonik

Hipness konnte nun das *Mehr* nicht unbedingt als Kriterium von *Weiter* dulden. Weiter mußte Wegstrecken weiter sein, ganz reale Kilometer der geistigen Landschaft zurücklegen. Ziel: Sehgewohnheiten verändern. Ein Schritt: die Kamera auf dem Fußboden montieren. Der nächste Schritt durfte nicht sein, daß hundert Leute die Kamera auf dem Fußboden montieren, sondern, daß einer sie am Kronleuchter aufhängt. Irgendwann, das war dann unsere Stunde, würde man einen Film ohne Bilder machen, aber so weit sind wir noch nicht. Noch nicht. Dieser Vorgang war aber in der Politik, der Kunst des Machbaren, nicht zu erreichen. Die Illusion, die Hipster würden bei der Abschaffung von Kapitalismus und Ungerechtigkeit im gleichen Tempo vorankommen wie bei der Abschaffung der Ungerechtigkeiten der europäischen Funktionsharmonik, war nicht zu halten.

Also kommt es zur Sezession. Die planen Intellektuellen, die nur das reine, pure ungebrochene *Weiter* akzeptieren, bleiben mit ihrer neuesten Weiter-Errungenschaft, dem Free-Jazz, in einem der offiziellen Kultur nahen Ghetto und ernten natürlich auch sofort den Beifall, einen gönnerhaften Beifall von dieser Kultur, die hatte nämlich die europäische Funktionsharmonik schon ein paar Jahrzehnte eher demontiert, und die Free-Jazz-Freunde und Puristen hätten eigentlich einsehen müssen, daß die Errungenschaften ihres geliebten Jazz noch nie die des planen *Weiter* gewesen sind.

Auf der anderen Seite verbreitete sich die Dialektik von *Mehr* und *Weiter*. Einer der Haupttriumphe der Hippie-Bewegung war es, daß sie, im Gegensatz zu den Hipstern der 50er, Millionen auf dem Weg des *Weiter* mobilisieren konnte.

## Ohne Worte

Es bleibt dabei: Wir hatten es mit zwei Vektoren zu tun, die beide nach vorne zeigen. Bei der einen Fraktion sind sie dialektisch verschlungen, bei der anderen bilden sie einen 90 Grad-Winkel. Doch noch 66 bei der eingangs erwähnten Kesey-Rede vor diesem Vietnam-Kommitee gilt, daß man *weiter* muß, um nicht *»denen ihr Spiel zu spielen«*. Und alles, was wir bei unserem Versuch, alle Bohemia-Lebensangebote als »Phasen« in unsere Biographien zu integrieren, unternahmen und versuchten, stand unter diesem Zeichen. Es wechselten die »Die«, *deren Spiel wir nicht spielen* wollten und es wechselten die Lebensbereiche des *Weiter*. Aber alles andere stand fest. Dabei sahen wir uns mit einer Situation konfrontiert, die uns ständig die Typen über den Weg schickte und die Lebensform präsentierte, die am weitesten waren. Diese Leute aus der zwölften und dreizehnten Klasse hatten wirklich alles hinter sich. Am weitesten entfernt waren sie von zwei Dingen, dem Wort und der Geschichte.

Warum das? Das Wort als Produkt des Sprechens war für den avancierten, frühsiebziger Späthipster das deutlichste Zeichen einer uncoolen Gesinnung. Er hatte erlebt, wie das Wort des Studentenführers verblaßte anläßlich der kristallklaren, göttlichen Tat des Steinwurfes. Er hatte erlebt, wie sexuelle Ekstase jeden psychologischen Diskurs, der ihm früher mal als ein *Weiter* verkauft worden war, zum Geschwätz – verstehst du Mann, Geschwätz! – degenerierte. Und er hatte vor allem erlebt, wie nach dem Öffnen der Pforten der Wahrnehmung durch das eine oder andere Halluzinogen, jedes Wort vor der unbeschreiblichen, unsagbaren Welt, die da in uns allen lag und die eben nur schaute, wer cool und mutig war, nur noch ein bedeutungsloser Hauch, ein eitles Gemecker des Ego darstellte. Weg mit dem Ego, weg mit dem Willen. Die Absolventen der 13. Klasse waren 1971 Buddha näher als es irgendein Bhagwan, Mun oder Minimalkünstler heute sein könnte. Ihr Ego, ihr wegdementiertes, meldete sich nur für zwei Probleme kurz zurück: die Beschaffung und Verteilung von Frauen und – wichtiger! – von Drogen.

Und mit Geschichte hatten diese Typen erst recht nichts zu tun. Geschichte war ja ein überwundenes Parameter. Geschichte verblaßte ja mit ihrem eitlen zeitlich-kleinkarierten Gezwerge vor den unglaublichen, finalen Erlebnissen des Acid-Trips. Ja, selbst das Politische war weit von Geschichte entfernt. Kein Guerilla-Sympathisant sah sich als Sympathisant einer kleinbürgerlichen Elite, die in der zweiten Hälfte des 20. Jahrhunderts in einem Industriestaat des Westens humptata-bla-bla. Nein, auch er war einer, der das Finale, das Telos, am Zopfe hatte, er riskierte sein Leben, sein ganzes Universum, seinen Tempel der Erleuchtung, um endgültig, ein für allemal, alle Ungerechtigkeiten zu beseitigen. Mit dem befreienden Akt.

## LSD und sein Ende

Ende der 6oer gab es zwei Sorten von LSD-Schluckern. Leary-Jünger, die sich auf einem Berg in Nepal wähnten und alles Grobstoffliche mieden und irrsinnig kreischende und lachende Jünger Ken Keseys, die in bunten Bussen durch Amerika fuhren und es ganz besonders toll fanden, in der bunten Plastik-Gegenwart des 20. Jahrhunderts zu leben, ganz besonders an seiner dekadentesten Ecke in Kalifornien. Beiden war allerdings gemeinsam, daß sie *weiter* wollten, System, Bewußtsein, Staat und Ego transzendieren.

Als LSD immer weiter kriminalisiert wurde, aber nach eigenen Angaben nicht aus diesem Grund, verkündete Kesey seinen Anhängern, sie müßten auf ihrem Weg des *Weiter* auch das LSD hinter sich lassen. Kurz darauf nahm er an einer Versammlung gegen den Vietnahm-Krieg teil. Laut Tom Wolfe (»The Electric Kool-Aid Acid Test«) sagte Kesey: »Ich habe hier eben den Redner gesehen, der vor mir hier oben stand ... was er gesagt hat, konnt ich nicht verstehen ... aber den Ton hab ich noch im Ohr ... und ich konnte hören, wie euer Echo auf ihn zurückkam ... und die Gesten konnte ich sehn ... und ich konnte sehn wie sein Kinn vorsprang ... so ... als Silhouette gegen den Himmel ... und wißt ihr, wen ich sah ... und wen ich hörte? ... Mussolini ... Ich sah und hörte hier eben Mussolini ... vor ein paar Minuten ... Tja ... ihr spielt denen ihr Spiel ...«

Bevor wir mit uns anfangen, also noch mal die Frage: Wie konnte es zu dieser letzten Phase von First-Order-Hipness kommen und welche Schlüsselrolle können wir dabei Keseys

Rede vor dem »Vietnam Day Committee« zuweisen? Welches Symptom äußerte Kesey, wenn er der damaligen Friedensbewegung, nur wegen der Bildung von Autoritätsstrukturen, nur wegen der Artikulation von Programmen vorwirft, ja eigentlich nur, weil sie fordern, reden, sich an den Diskurs ankoppeln, »denen ihr Spiel zu spielen«, bzw. sich an Mussolini erinnert fühlt? Und was ist sein *»Weiter, weiter«* wert, wenn er es an eine Gemeinde von hochgradig einfallsreichen LSD-Schluckern richtet – seine Gang, die sich »Merry Pranksters« nennt – und wenn er versucht, diese von dem verbotenen LSD abzuhalten und mysteriöse andere Wege auf der kosmischen Reise anbietet?

Zunächst mal war es Verrat. Kosmische Reise ohne LSD ist wie Revolution ohne Aristokratie an Laternen – und was für ein Zufall, daß Keseys großer Umschwung in eine Zeit fällt, in der Behörden und Autoritäten begannen, LSD wie eine harte

Droge zu behandeln und den Apologeten dieser Droge damit den Gefallen taten, eine Grundlage zu liefern, ihr Acid als subversiv zu deklarieren. Doch eben genau das war das Pfiffige an Kesey. In dem Moment, wo LSD zum Politikum im Sinne der diskutierbaren Politika der bourgeois-liberalen Redeschlachten wurde, stieg er aus der »Politik der Ekstase« aus. In dem Moment, wo ein Gegenstand unter den Mikroskopen der liberalen Diskussion in seine Fürs und Widers zerlegt wird, wird es Zeit, sich von dem Gegenstand zu verabschieden. Dies galt damals. Und das gilt heute.

Es war also zunächst eine hellsichtige Maßnahme, den Pranksters das Ende des LSD auszurufen. War es ebenso schlau, ihnen statt des gewohnten LSD ein weiteres, noch weiteres *Weiter!* zu versprechen? Ewig kann der junge Mann nicht nach Westen gehen. Hinter Kalifornien kommt das Wasser.

Was Kesey als richtig erkannt hatte, war, daß das Sich-Einlassen auf die Für/Wider-Diskussionen der pluralistischen Öffentlichkeit Tod und Wirkungslosigkeit jeder Bewegung bedeutet. Dieses Sprechen von Friedensbewegungen – einst und jetzt, auch wenn es angesichts der realen Bedrohung, in Vietnam verheizt zu werden, sicher eine Spur dynamischer klang als angesichts der eher religiösen negativen Fetische, die die Pershings darstellen – ist das Eingeständnis der Niederlage, ist das Strecken der Waffen vor der liberalen Öffentlichkeit, die mit der einen Hand zu Diskussionsrunden Willkommen heißt und mit der anderen Millionen in der dritten Welt, die damals noch nicht so hieß, ermordete.

Was aber dann? LSD war ja ein Schritt weiter. Der entscheidende Vorteil am LSD war, daß er es seinen Benutzern erlaubte, sich zu verständigen ohne daß die Alten, die Schule, die Interpretatoren der Jugend auch nur ein Wort begriffen hätten. Wir standen in der U-Bahn, irre kichernd, der Speichel im Mund zog sich zusammen und mein Freund Jan zeigte auf eine harmlose BRD-Bürgerin: »Guck mal, die ist ja aus Plastik!«

Das war tief empfunden, es war kein Ergebnis der inzwischen weit verbreiteten, alternativen Anti-Plastik-Rhetorik. Das war das ursprünglich pubertäre, durch LSD unendlich vertiefte Anderssein zwischen uns und den »Denen«, deren Spiel wir nicht mehr spielen wollten.

Und doch hatte LSD eben den einen Nachteil, daß es zu mechanisch weiterbrachte. Im Entsetzen über die Künstlichkeit der anderen öffnete sich auch der Blick auf die abzulehnende Künstlichkeit unseres Zustands. Da empfahl Kesey als letztes Mittel zum Anderssein ein *erkämpftes* Anderssein, ein Schweigen.

Und nun ist es völlig egal, wo dieser schweigsame Zustand hinführen sollte oder wo er tatsächlich hinführte; tatsächlich führte er nämlich in das Elend, in das alle Sprachlosigkeit führt. Aber egal. Dies war ein Endpunkt. Der Endpunkt allen *Weiters*. Derselbe Endpunkt, den die Kunst als Minimalismus oder Konzept-Kunst erlebte, den der Free Jazz im inintelligiblen, unkommunikativen Krach erlebte, den eine französische Philosophie heute noch durchlebt, die alles, aber auch alles verabschiedet zugunsten von »Intensitäten«. Es war die große geile Abschaffung, die noch jede produktive Epoche hervorgebracht hat.

Doch war es diesmal eine Abschaffung, die sich durch keinerlei Neoismen mehr aufheben ließ. Tod von Kunst und Malerei und Literatur und Jazz und Politik waren diesmal kein vorübergehendes Kollabieren, das sich auf die kreative Ausreizung irgendwelcher Stile gründete. Das System Bohemia und das System Bewegung, die Vektoren *Mehr* und *Weiter* waren an der Mauer angestoßen, an der unüberwindlichen Mauer der Permissivität, die kein *Weiter*, an der Mauer des Pluralismus, der kein *Mehr* erlaubte. Jeder Versuch, gerade den Pluralis-

mus zu überwinden, führte zu immer weiteren Pluralitäten,
Jede Reinigung gebar zehn neue Kinder und Dogmen, die
sich noch unumstößlicher reiner, katechistischer fühlten. Jedes weitere *Weiter* gebar immer mehr Autoren und Gurus des
*Weiter*, die die noch größere Reduktion, den noch radikaleren
Weg ins Schweigen, zur Stille, zur Coolness für sich verkaufen
wollten. Dabei war ein stilleres Schweigen schon nicht mehr
möglich.


## Ton, Steine, Scherben

Es gibt in Hamburg eine katholische Mädchenschule. In der
Nähe vom Dammtor-Bahnhof, die Sophie-Barat-Schule. An
einem Abend 1971 spielte Ton Steine Scherben. Ich bin 1968
auf das Gymnasium gekommen. Am Tage meiner Einschu-
lung hatten Unbekannte aus einer der mythischen dreizehnten Klassen die Losung »Untertanenfabrik« an die Mauer, die
den Schulhof eingrenzt, gesprüht. Als Zehnjähriger war meine
Einstellung zu den Studenten und Politicos negativ. Ich war
in dem Bewußtsein aufgewachsen, daß die Kommunisten die
Bösen sind. In der DDR ging es zweitklassig zu, vor allem
bei den Autos. Das war amtlich. Die DDR war der »Planet
zweiter Klasse«, den ich aus einer Donald-Duck-Geschichte
kannte. Allein das Langhaarige mochte ich an den Studenten. Und als meine Eltern mich fragten, ob ich wohl auch mal
einer von denen werden würde, von diesen Studenten, sagte
ich zwar »Nein«, aber ich wußte das Gegenteil und sagte es
mit der gebrochenen Stimme eines Mannes, der genau weiß,
daß dieses Mädchen doch nicht die Frau fürs Leben sein wird.
Im Bus agitierte mich jeden Morgen auf dem Schulweg Jerry
Sommer, der Sohn des bekannten »Zeit«-Redakteurs. Er war
so uninteressant, und das, was er versprach, klang so langwei-

lig und unglamourös – das Leben im DKP nahen MSB –, daß ich ihn nicht ernst nahm.

Auf einer Klassenreise spaltete sich die Schülerschaft in CDU und SPD. Es ging um die Ostpolitik. Da die CDU-Schüler einfach die langweiligeren, spießigeren waren, ging ich zum SPD-Lager. Vor der Wahl trug ich einen »Willy wählen«-Badge in Orange. Wieder sprach mich Sommer an. Diesmal machte er es richtig. Er warf mir mangelnde Radikalität vor, auf halben Wege Halt zu machen. Ich ging zu ein paar MSB-Abenden. Aber ein Mitschüler war noch besser, klarer. Er hatte sich nicht mit den mauscheligen Bekenntnissen zur Verfassungstreue, die die DKP mit herumschleppte, abzugeben. Auch nicht mit den Hypotheken einer bereits realisierten Sozialismus-Idee. Er war Maoist und sagte Sätze wie »Emotionen sind faschistisch« oder »Die parlamentarische Demokratie ist die Diktatur der Bourgeoisie«. Klar und wahr. Logischerweise landete ich in seiner K-Gruppe. Alles war gerecht. Doch die Hippie-Mädchen mit den engen Cord-Jeans und dem Poposcheitel waren bei den Typen, die Drogen nahmen und Doors hörten und gar nicht sprachen. Unendlich weiter wären diese Typen. Und tief.

An diesem Abend in der Sophie-Barat-Schule, irgendwann 1971, war alles richtig. Jedes Wort, das die Musiker mit ihrem Berliner Nöhl-Akzent, den wir später noch so hassen lernen sollten, in den mit Nonnen, verklemmten Mädchen und Subszene angefüllten Raum schleuderten, jedes pathetische Vietnam-Dia sagte die Wahrheit. Hier sprach man ein letztes Mal mit Emphase von »Klassenkampf« und meinte eine große gewaltige blutige Aufregung damit. Gleichzeitig war man langhaarig und hip. Man hatte sich die letzte mögliche kleine historische List ausgedacht, die helfen konnte, das Bohemia-System am Leben zu erhalten: Die Verbindung von Drogen mit Politik. Aber nicht in der halbgaren Art der Beatniks oder Hippies, die immer auch einen kleinen engagierten Vietnam-

Gegner abgeben konnten, wenn sie von einer kosmischen Reise zurückkamen. Um dann letztendlich *denen ihr Spiel zu spielen.* Nein, indem man zum Letzten griff, zum einzigen, was der Pluralismus nicht duldete: der bewaffnete Kampf gegen den Kapitalismus. Nichts ist so verboten wie Kommunismus. Und wenn man uns jungen ermöglichte, dabei auch noch den Weg nach Innen anzutreten, Drogen zu nehmen, Doors zu hören und die richtigen Mädchen zu kriegen, war das fein und unschlagbar.

Diese Kombination, Drogen und Politik, blieb die bindende Formel der Subkultur-Mehrheit für lange Zeit. Auch wenn der Verfall des Politischen schon bei der nächsten Scherben-LP ansetzt. Wenn man nämlich beginnt, nicht mehr großmäulig, wie es sich für Pop gehört, vom Klassenkampf zu faseln, Brecht zu spielen wie eine zu früh geratene Punk-Band, sondern sich auf den Nebenkriegsschauplatz des Häuserkampfes verläßt, dann spielt man natürlich wieder *denen ihr Spiel.* Und wie romantisch und gefährlich dieser Häuserkampf sich auch

angefühlt haben mag. Heute loben Frankfurter CDU-Stadt-
räte und Johannes Groß die Hausbesetzer der frühen 7oer: Sie
hätten dazu beigetragen, viel von der alten Bausubstanz zu
retten und die Stadt gezwungen, sich neue Sanierungsmodelle
auszudenken, die für alle Beteiligten besser wären. Der Staat
nimmt jeden Verbesserungsvorschlag dankbar an. Und jeder
Verbesserungsvorschlag ist *denen ihr Spiel*.
Doch schon an diesem Abend hätte man begreifen können,
wenn man begreifen gewollt hätte. Was als Pop-Begeisterter
selten ist. Während des Songs »Macht kaputt, was euch kaputt
macht«, der in eine Version des »Arbeitereinheitsfrontliedes«
übergeht, während die frische, rotwangige Empörung in den
Gesichtern der köstlichen jungen Katholikenmädels geschrieben stand, die zum ersten Mal an diesem Abend das Dia sahen,
das zeigt, wie der Polizeipräsident von Saigon diesen Gefangenen erschießt, noch während dieses überaus frischen Zustands
des Agitiertwerdens, Enthusiasmiertwerdens, hörte ich eine
der Nonnen zu einem der Mädchen sagen, daß man über diese
Aussagen demnächst im Gemeinschaftskunde-Unterricht diskutieren müsse.


# Worüber man nicht schweigen kann,
# darüber braucht man auch nicht zu reden

Action speaks louder than words. Ihr labert ja nur. Da die
Sprache in ihrer schönen, exakten und elaborierten Ausprä-
gung bekanntlich Eigentum der herrschenden Klasse und ihrer
Söhne, Töchter und Söhnchen ist, will jede wirkliche Erschüt-
terung der Welt zunächst mal den ohnehin ja nur quatschen-
den Parlamenten den Garaus machen. Die Studentenbewegung
war ja nichts anderes als ein letzter Versuch der Bourgeoisie,
die Bildungsanstalten zu blockieren. Ein letztes Mal wurde

im Zuge der grandiosen, gigantomanen Theorie-Fresserei und Völlerei, die in den 60ern die Hochschulen beherrschte, feines, gutes Deutsch gesprochen, eine letzte historische Sekunde herrschte die Hochsprache, bevor die von der sozialdemokratischen Bildungspolitik geöffneten Schleusen Slang, Dialekt, das »Einzigste«, wegen mit dem Dativ, erinnern mit dem Akkusativ und mürrische schlechte Laune bei der Mehrzahl der Studierenden, wenn es an kompliziertere Gedanken ging, Tür und Tor öffnete.

Fünf Jahre später war es ein Wagnis in einer deutschen Universität, einen Satz frei zu bilden, der zwei Hypotaxen und vielleicht sogar noch eine Parenthese enthielt. Es disqualifizierte den Sprechenden einerseits als reaktionären Eigentümer der Hochsprache, der kraft seines Besitzes versucht zu unterdrücken und auszuschließen. Andrerseits disqualifizierte es den Sprechenden als einen, der die fundamentale Erkenntnis, daß alles Wesentliche eh nicht aussprechlich war, noch nicht erkifft hatte.

Der Wittgenstein-Satz »Wovon man nicht sprechen kann, darüber muß man schweigen« war sehr populär. Er hieß aber nicht: Laßt uns lossprudeln über alles, worüber man reden kann. Denn man kann nachweislich über eine Menge Dinge reden. Nein, er bedeutete das Gegenteil: In dem Moment, wo eine Sache aussprechlich wird, gehört sie nicht mehr zu der Klasse der erhabenen Dinge, über die man schweigen muß. Sprechen wurde deswegen oft mit Zerstören gleichgesetzt. Daß es nicht für immer dabei geblieben ist, haben wir im Grunde genommen den Feministinnen zu verdanken, die einen Diskurs eröffneten, wo das Unaussprechliche gerade in den 70ern ein besonders hartes Regiment führte: beim Sex.

Daß sie damit letztendlich auch nur katholischen Geständniszwang, evangelische Zerknirschung und stalinistische Selbstkritik reinstitutionalisierten, ist ein anderes Problem und wird uns an anderer Stelle noch ausführlich beschäftigen.

Aktionismus und Religiosität waren wie zwei Brüder. Die beiden konnten prima koexistieren in Undergroundland, in Bohemia und in den Universitäten, weil die Sprachlosigkeit eine Vermittlung ihrer Gegensätze ausschloß. Vor allem aber war der weise Kifferschweiger und der aktionistische Politfreak oft eine Person, die die Widersprüchlichkeit einer als zu verändernd empfundenen Außenwelt und einem Zurückziehen auf ein ominöses Innen nicht als Widersprüche empfand, weil sie es ablehnte oder überhaupt nicht in Erwägung zog, ihre Haltung in eine Verbindung zur Geschichte von Bohemia zu setzen. Klar gab es Vorbilder in Bohemia, an denen man sich orientierte, egal ob es nun Allen Ginsberg, Hermann Hesse – das Obermodell für die Koexistenz von Anarchismus, Renitenz und religiöser Pseudo-Verzückung –, Kahlil Ghibran oder in anspruchsvollen Kreisen gar Max Stirner war, aber ihnen allen wurde die Dimension der Geschichte abgesprochen. *Die machten schon damals dasselbe wie wir.* Das war eine Bestätigung. Nicht etwa Anlaß zu der Frage, was denn damals anders gewesen war. Und vor allem hatten alle vergessen, daß es für jeden ihrer Vorbilder, außer vielleicht Hesse, die Idee des *Weiter* gab.

An die Stelle des *Weiter* mußte nun solange eine Art »Bohemia-Business-as-usual« treten, ein angewöhntes Weitermachen ohne *Weiter* und Transzendenz, bis sich die Idee der Historizität als Waffe, der Beitrag unserer Generation, durchgesetzt hatte. Und das brauchte natürlich seine Zeit. Mindestens die Zeit von der ersten Roxy Music-LP bis zur zweiten ABC, was 11 Jahre waren. Aber auch heute noch wird auf dem Lande weitgehend die Mischung aus Doorshören, anar-choid-liberalem Nichteinverstandensein und Sprachlosigkeit weitgehend als die einzige Alternative zum Leben des Landarztes Charles Bovary und der anderen, von den Widersprüchen ihrer Lebensführung in das Verderben des Magenkrebs gerissenen Bürger angesehen.

Was war daran nun falsch? Entstand nicht durch das Überwinden der eh nur soziale Barrieren unnötig perpetuierenden Sprache eine schöne, potente Massenbewegung? Sind nicht unsere heutigen, zahlenmäßig jede Studentenbewegung weit in den Schatten stellenden Grünen, Friedensbewegten und Tierversuchsgegner eine beeindruckende Opposition, die endlich einmal die Schranken von Bohemia überwunden hat, ein reales *Mehr* erreicht und die es in diesem Umfang nie gegeben hätte, wenn sie sich nicht auf so einer breiten emotionalen, quasireligiösen und sprachlosen Underground-Basis hätte aufbauen können, die in jenen frühen 70ern entstand?

Okay. Ich sage dazu erst mal nur eines: Ich bin Kommunist, weil Kommunismus, speziell der Leninismus, die einzige Weltanschauung ist, die die Macht in die Hände der Intellektuellen legt. Und noch einmal wird es nicht passieren, daß sich die Intellektuellen die Macht von einem georgischen Bauern aus den Händen reißen lassen, in die sie nun mal nicht gehört.

Der Widerspruch zwischen diesseitig anarchoid-renitenter Sprachlosigkeit (Genossen erkennt man an ihrem Blick, nicht an ihrem Gerede) und religiöser Sprachlosigkeit ist in der Hippie-Subszene nie ausgetragen worden.

Dieser nicht vermittelte Widerspruch ist aber einer der Keime der gespaltenen grünen Partei. Auf der anderen Seite täuscht dieser Konflikt nur darüber hinweg, daß es einen wirklich alternativen Standpunkt in der grünen Partei nicht oder kaum noch gibt. Die einzige Alternative zum Kapitalismus ist nämlich der Sozialismus.

# JVA Bohemia

Bohemia-Business as usual. Was ist das? Ökonomisch gesehen ist Bohemia einst wie jetzt eine Strafkolonie, ein sehr moderates Gefangenenlager, ein KZ nach Art des modernen Strafvollzuges. Eine Gesellschaft funktioniert nach bestimmten Regeln. Teile der Gesellschaft funktionieren nicht ganz nach diesen Regeln, im schlimmsten Falle stört ihr Nichtfunktionieren das Funktionieren der großen Mehrheit.

Seit Menschengedenken gibt es Justiz und Bestrafung, und derlei ist mit verschiedenen ausgesprochenen wie unausgesprochenen Konzepten verbunden, von Sühne bis zur Resozialisierung. Ein Element des Strafvollzuges ist dabei selten richtig verstanden worden; das der Arbeit. Bekanntlich müssen die meisten Gefangenen aller Nationen während ihrer Strafverbüßung oft schikanös nutzlose Arbeit übernehmen, die in den meisten Fällen jeder Kinderzimmerroboter besser erledigen kann. Aber selbst wenn sie in dem einen oder anderen Jugendgefängnis zu Tischlern ausgebildet werden, um dann nach dem übernächsten Bruch in der Gefängnistischlerei arbeiten zu können, steht die Produktivität dieser Gefangenen in keinem Verhältnis zu den Kosten des Strafvollzuges. Ähnlich funktioniert Bohemia.

Die banale Idee der Arbeit im Strafvollzug ist die Idee der Beschäftigungstherapie, die aber vom Gefangenen nicht akzeptiert würde, wenn er nicht das Gefühl hätte, die Kosten seines Aufenthaltes zu erwirtschaften.

Wer wie ich einen großen Teil seines Lebens zwischen Mitternacht und vier Uhr morgens in öffentlichen Lokalen zugebracht hat, kennt die Sorte Mensch, die offensichtlich nicht morgens aufstehen muß und trotzdem nicht arbeitslos genug ist, um nicht zwischen zwanzig und fünfzig Mark pro Abend zu versaufen. Rechnen wir einmal die Journalisten und Werbeleute ab, die einfach auf ihren Schlaf verzichten und lieber

ihre Gesundheit ruinieren als wenigstens auf das Kneipege-
wordene Surrogat ihrer Träume vom wilden, bewegten Leben
zu verzichten, so bleiben immer noch 70%, die keiner dieser
beiden mitunter recht einträglichen Tätigkeiten nachgehen.
Diese Leute bilden den Kern von Bohemia und sie alle haben ihr Auskommen, denn Bohemia hat für jeden ein warmes
Plätzchen und eine völlig unproduktive Scheintätigkeit anzubieten, die dem Ausführenden das Gefühl verkauft, so etwas
ähnliches wie ein Künstler zu sein. Mehr ist an Sozialhygiene
gar nicht nötig als diese winzige kleine Rechtfertigung, als das
urdeutsche Gefühl, sein Bier mit Recht zu trinken, mit Recht
zu schwadronieren und mit dem Recht des Bohémien die um-
stehenden Schnepfen anzusprechen.
Sicher ist es nicht immer ganz leicht für diese Leute. Ihre Renitenz besteht in der einmal in jungen Jahren gefaßten Entscheidung, etwas Sinnvolles tun zu wollen, zum Fall für die

Sozialhygiene werden sie durch die Konsequenz, sich ihren idealistischen Unsinn bis zum Erreichen der magischen 25 nicht ausgeredet haben zu lassen. Dann fällt noch mal der kleine Prozentsatz weg, der sich durch andauerndes Reisen, Drogensucht oder Landflucht verschleißt. Schließlich gibt es noch die, die damit zufrieden sind, die Entfremdung und den Taylorismus dadurch überwunden zu haben, daß sie ein klassisches Handwerk wie Töpferei, Goldschmiedekunst oder einfach die Schreinerei ausüben. Doch die Majorität geht diesen dunklen, schwer eingrenzbaren Scheinarbeiten nach, die eingerichtet worden sind, damit diese Pariakaste, die zuweilen auch noch denkt und von Natur aus dazu neigt, alle Nichteingegliederten zu vergöttern, das Gefühl hat, etwas in ihren Augen sinnvolles und – noch wichtiger – Subversives zu tun.


# 1982

1982 war ein rundum gutes Jahr. Das Projekt, durch *Historisierung* und *Relativierung* aller Musikelemente eine neue Pop-Musik-Art auf die Beine zu stellen, zeitigte in Form von ABC u.a. seine schönsten Erfolge. Niemand glaubte mehr an den natürlichen Ausdruck. Alle Elemente waren referentiell, bezogen sich auf die Historie der Pop-Kultur, nichts war mehr unschuldig, alles überspitzt bewußt, intellektuell, campy und trotzdem schön und berückend. Alle redeten von Leidenschaft beim Verknüpfen der historischen Elemente. Sänger heulten und emanzipierten das Sprechen von »Liebe ... an einem anderen Ort« (Barthes). Das Roxy Music-Projekt einer nicht mehr herausgeschrienen, sondern analog zum System der Sprache aus bedeutenden musikalischen und außermusikalischen Zeichen angeordneten Pop-Musik hatte sich durchgesetzt.

Die Elemente Kleidung, Image, Interview-Statements, die sogenannten Äußerlichkeiten, waren emanzipiert zu eigenständigen Ausdrucksmitteln. Pop-Musik war eine komplizierte, aber lustige und effiziente Kunst geworden.

Ich hatte dieses wunderbare Frühjahr genossen. Wir hatten Rap und Videospiele und Haircut 100 und immer noch eine Regierung Schmidt. In diesen lauen Frühsommertagen pflegte ich nachts durch die bronxigeren Teile von Hamburg-Eimsbüttel zu laufen und allen Ernstes zu glauben, diese ganzen unheimlich jungen, unheimlich frischen, jungen Leute, die diesen 82er-Zitat-Pop liebten und in den extrem neopopigen Kellerlokalen Associates und Heaven 17 hörten, hätten nun endlich die notorischen Fehler aller ihnen vorangegangenen Second-Order-Hipness-Generationen ausgemerzt, würden für die Werte Wort, Geschichte, Politik und Schönheit einstehen. So wie ich das auch fünf bis drei Jahre vorher von der Punk-

Generation, jedenfalls von meiner Idee der Punk-Generation, geglaubt hatte, die von den Talking Heads bis zur Pop Group reichte, also von Warholistisch affirmativer Subversion bis zu brachialexpressionistischer Free Jazz-Anklage, und dabei die Buzzcocks zu schätzen wußte.

Eines Abends war aufgrund irgendwelcher Probleme mit querulatorischen Anwohnern das schönere der beiden Lokale geschlossen worden, und ich fand mich unversehens immer häufiger in dem häßlichen wieder, wo ich stets auf all die Leute traf, die ich schon immer gesehen hatte, die unbeeindruckt von jeder Bewegung immer da waren und immer gleich aussahen. Nett versoffen, gelinde unterhaltsam und man tat stets besser daran, nicht zu lange mit ihnen zu reden, weil sie dann persönlich wurden und von ihren künstlerischen Ideen zu reden anfingen, jenen allseits bekannten Man-könnte-man-sollte-man-müßte-Räsonnements. Mir taten besonders die Frauen leid, die hier ihre späten Zwanziger und frühen Dreißiger vertranken und verkifften.

Ein ungarischer Exilregisseur, den Kopf voller obermoderner, etwas zu zeitgemäßer Ideen über West-Ost-Chic, Bolshevique-Chic, Neue-Deutsche-Welle-entdeckt-ihre-roots-im-Schlager-Chic, etc-Chic hatte mir eine kleine Statistenrolle in seinem neuen ZDF-finanzierten Film angeboten. Ich will mich nicht rausreden, ich glaube, ich fand das sogar gut. Außerdem imponierte mir die Tatsache, daß der Exilant bei aller Modernität eine Frau hatte, die erst sichtbar schwanger in der Kneipe erschien und später hin und wieder mal mit einem Kind zu sehen gewesen war. Aber auch er gehörte zu der Familie unspektakulärer Nachtfiguren, und alles Gerede von Filmen hätte ich nie geglaubt, wenn ich nicht mit eigenen Augen gesehen hätte, daß wegen dieser 3 Uhr-morgens-Kneipen-Phantasie eine ganze Straße in Hamburg-Bergedorf gesperrt worden wäre. Dies hier war wirklich. Der Mann war ein Regisseur und die ärmsten und traurigsten Frauen bildeten sein Team, warfen künstliche Schneeflocken vor die Kamera, weil die Szene im Winter spielte, paßten uns Billig-Jeans an, weil der Film in der DDR spielte und schnatterten mit Christine Kaufmann, die die Hauptrolle spielte und sich mit ihren 40 plus Jahren nicht zu alt war, überall einen Ghetto-Blaster hinzuschleppen. Da standen sie alle und waren geschäftig und wichtig, davon lebten sie also, davon finanzierten sie die Kneipe und das ungeheuer befriedigende Man-könnte-man-sollte-man-müßte-Gerede. Sie waren Scriptgirl oder fuhren Platten im New-Wave-Versand aus, sie verkauften unterbezahlt New-Wave-Pullover und durften hin und wieder mit-designen, sie alle waren an einem Produktionsprozeß beteiligt, der über die Maßen unwirtschaftlich organisiert ist. Sie arbeiten für geringen Lohn, und ihre Bohemia-Kunden kaufen ein Produkt zu überteuerten Preisen und alles nur, weil irgendwer oder irgendwas ihnen das Gefühl gibt, unkorrupt und sinnvoll zu leben, irgendwo irgendwie an einem kreativen Prozeß beteiligt zu sein. Das ist die JVA Bohemia.

## Länger aufbleiben

Die Uhr zeigt 23 Uhr 42. Ich müßte schon seit gut drei Stunden im Bett liegen, doch ich schreibe dieses Buch. Wäre ich ins Bett gegangen, wie es die Eltern von dem Schulpflichtigen verlangten, hätte ich mich unruhig hin und her gewälzt. Die Geräusche der Umwelt hätten einen bedrohlichen Unterton erhalten, das Heizungsrohr unnötig eindringlich gegluckst und die glattgestrichene Fläche des Lakens hätte gegen die verkrisselte gekämpft. Innen und Außen wollen bekanntlich nichts mehr besagen, im Schlafzimmer. Das wissen schon die kleinen Kinder. Die einzige Frage, die mich vom Wahnsinn oder der

Bitte um das Schlafmittel »Verophen« abgehalten hätte, war die Überlegung, was die Eltern, die wach bleiben durften, da unten im Wohnzimmer machten, wie das Fernsehprogramm um diese Zeit aussieht.

Später erreichten wir es für bestimmte Lieblingsserien (»Raumpatrouille«, »Mit Schirm, Charme und Melone«), eines Teils dieser Welt da unten gewahr zu werden. Große Wunder! Doch, oh, was passiert nach diesem Ende, an dem wir ja doch unweigerlich ins Bett müssen. Es geht *weiter* und *weiter*. Wir wachsen heran und fahren mit älteren Freunden in die Stadt. Kneipen mit Jazz und Studenten und Bücher von Irrsinnsrasereien durch die USA erfüllen das Herz. Doch um 23 Uhr geht die letzte U-Bahn, mit der der Anschlußbus in unseren kleinen Suburb noch zu erreichen ist. Die Welt der 17jährigen geht derweil weiter, während wir Dreizehnjährigen wieder in die Welt entlassen werden, in der Innen und Außen nichts mehr besagen.

Wir entdecken und überzeugen die Eltern von der Erfindung

des Nachtbus. Es wird drei, aber dann fährt der letzte Nachtbus und die Welt der 24jährigen ist um diese Zeit in Hamburg noch nicht zu Ende. Es wird später und geht weiter. Wir werden älter, wir haben unsere Wohnungen in der Stadt, wir haben längst Nächte durchgemacht, wenn in den Wohnungen unserer Freunde die Eltern nicht im Hause waren, wir hatten uns in Kommunen in Stadt und Land eingenistet um so viele Sonnenaufgänge wie möglich zu erleben; denn es gab immer noch Ältere, Verwegenere, die es noch länger aushielten, es gab immer ein Länger. Dann kam Punk, neue Maler und all das, und das Leben verlagerte sich in die Kneipe. Die hatte bis vier Uhr auf. Auf der Reeperbahn gab es einige, die noch länger aufhatten. In New York gab es After Hours-Clubs, die erst gegen vier, fünf Uhr morgens öffneten. Nichts wie nach New York.

Man braucht im Schnitt mindestens zehn Jahre, um herauszufinden, was ist, wenn man länger und noch länger aufbleibt, manche lernen es nie, auch wenn es zwischenzeitlich immer mal wieder hip ist, zu Hause zu bleiben oder zu obszön frühen Stunden vor den Augen der staunenden anderen nach Hause zu gehen. Wohl dem, der zu solcher Disziplin befähigt ist! Er tut was für seine Gesundheit und macht sich rar und interessant. Aber sicher ist: er leidet zu Hause vor seinem Videorecorder wie ein Hund. Dabei hat er wirklich nichts versäumt.

Wir wissen jetzt, daß das Längeraufbleiben der geometrische Strahl, oder meinetwegen Vektor, der einzige unendlich in eine Richtung zeigende Pfeil ist, der uns geblieben ist. Ja, es ist fast so, als ob das Längeraufbleiben, Sonnenaufgangmiterleben als Dynamo Bohemias das *Mehr* und *Weiter* von früher ersetzt haben.

Als sublimierte Form des »Längeraufbleiben« bleibt nur noch der Weg in den Westen.

# Im Westen: Paris

Timothy Leary, einer der lustigsten Dummköpfe der Welt, glaubte, daß die Fortschritte des Bewußtseins ihre Entsprechung in einer weiteren Bewegung der Menschen mit avancierten Gedanken nach Westen finden. Das letzte avancierte geistige Zentrum sei Kalifornien. Daß westlich von den USA die Sowjetunion liegt, paßte Leary nicht ins Konzept, Kalifornien war der äußerste Westen, danach komme der Weltraum, der nächste Schritt sei *Space Colonization*.

Für die 70er gilt folgendes: Das Verschwinden des *Weiter* (= Bewußtseinserweiterung) führte zum Verschwinden des Reiseziels Indien, das Verschwinden des *Mehr* (= Revolution durch Massenmobilisierung) führte zum Verschwinden der Reiseziele Südamerika und Portugal (letzteres mag auch damit zu tun haben, daß unser Hero Otelo De Carvalho in letzter

Zeit nur noch im Knast sitzt), an deren Stelle der Westen trat, mit seinen Metropolen Paris, London, New York. Kalifornien kam nach Einführung der Geschichtlichkeit in die Pop-Kultur natürlich auch nicht mehr in Frage. Alles, was es dort an Verweisen, Spuren und Zitaten aus anderen Lebensgeschichten zu finden gab, war ja bereits von der Ältere-Brüder-Kultur ausführlich abgegrast worden.

André war 1979 plötzlich zum Popstar geworden. Nachdem er Hamburgs erste New Wave Band ins Leben gerufen hatte, so um 77 und als Alternative zu Punk-Bands, die Cocksucher und Big Balls und The Great White Idiot hießen (Diese Gruppen waren wunderbar lächerliche Langhaarige, die sich mit allerlei Ketten und Nadeln behängten und zuknöpften. Wat hamwer jelacht, als uns eine ehemalige Geliebte eines dieser Musiker berichtete, wie lange ihr Ex-Freund abend für abend brauchte, um seine Lederjacke abzulegen), brauchte er noch Musiker von alten Hippie-Bands wie Atlantis, um seine Kreuzungen aus Mink DeVille, guten Rolling Stones und Velvet Underground realisieren zu können. Dann war plötzlich die Firma des französischen Elektronik-Langweilers und Charlotte-Rampling-Ehemanns Jean-Michel Jarre an ihm interessiert und kaufte ihn nach Paris. Erste Station auf dem Wege nach Westen.

Nun ist Paris – believe it or not – zunächst mal der Bezugspunkt der ersten Generation von Second-Order-Musik gewesen: Roxy Music sangen darüber in ihrem »Song For Europe«, der New Yorker Literaro-Punk von Richard Hell, Patti Smith, Television bezog sich, wie früher übrigens schon die Doors, in unerträglicher Weise auf ganz bestimmte sehr tote französische Lyriker und Symbolisten, die Stranglers mit einem Franzmann am Bass träumten ihre ganze lange Karriere entlang von Europa, Hauptstadt Paris und nur David Bowie und Iggy Pop suchten sich für ihre Euro-Phantasien Berlin aus, was aber nach einem Geständnis, das Iggy Pop mir gegenüber mal machte, nur daran lag, daß die chaotischen Welschen im Studio nie die Bänder vernünftig sortieren konnten und immer alle Spuren durcheinander brachten.

Paris also. Novotel an der Peripherie. Die Franzosen hatten damals, und heute steht es da kaum besser, von aktueller Popmusik keine Ahnung. Sie stehen immer irgendwo zwischen religiöser Verzückung über Drittklassiges (wie etwa ihre eigene »Top«-Band Telephone) und völliger Ignoranz (daß sie uns Elli & Jacno, das Sordide Sentimental-Label und ein Paar Preziosen aus der Provinz geschenkt haben, ist die Bestätigung der Regel).

Paris also. Heroin, Truffaut-Kulisse, Rohmer-Kulisse, Godard-Kulisse, wieder Heroin, und Wave-Mädchen sitzen in den Cafés und schreiben doch tatsächlich, wie hinreißend, kleine goldene Tagebücher voll. Was mögen sie erlebt haben? Die schöne Catherine zum Beispiel. Sie steht auf Richard Hell. Die Franzosen mögen es, wenn man ihnen als Amerikaner ihre eigene Vergangenheit zurückbringt. Auf ihrem Friedhof, diesem Père Lachaise, liegt bekanntlich Jim Morrison, der Mann, der als erster Popmusiker angefangen hat, die Rimbaud-Pest zu verbreiten. Er ist heute der hipste tote Franzose. Denn Hell und Konsorten beziehen sich ja nicht wirklich auf Rimbaud, das wäre ja noch First-Order: LSD und Rimbaud auf leichter Flamme zusammengeköchelt und dann mit Moll-Orgelakkorden wieder aufgebrüht, das ist noch eine totale First-Order-*Weiter*-Erfahrung. Nein, Hell und Co. sind Second Order, ihr Franzose heißt Morrison.

André und ich im »Baines Douches«, etwas ähnliches wie ein paar Jahre später die »Schlachterei« in Hamburg. Kacheln. Heroin. Die lustige egalitäre Idee des Lokals, das nur wenige Menschen überhaupt einläßt, ist der für alle Getränke gültige Preis von 60 Francs, was für uns und unsere englischen Freunde erst recht ein Grund ist, Bier zu trinken.

Aber das nützt alles nicht. So lange Eric Rohmer Filme macht, so lange die dritten Programme in Deutschland »La Chinoise« von Godard und die Programmkinos »Liebe auf der Flucht« von Truffaut zeigen, nimmt diese Stadt auf unserer Reise in das volle Second-Order-Leben einen zentralen Platz ein.

## Give Paris A Second Chance

Das höchste Glück der Menschheit war erreicht, als die beiden wichtigsten Errungenschaften der zweiten Hälfte dieses Jahrhunderts eines waren: junge, neue Linke und Popkultur. Das war bekanntlich in den späten 6oern, und die Filme Godards, die plusminus drei Jahre um den mythischen Mai entstanden sind, bilden den Stoff, aus dem die Träume von einer Wiederkehr dieser einmaligen Situation sind – als Trotzki und die Mothers Of Invention, Fanon und Velvet Underground, Warhol und Benjamin einem Bezugssystem angehörten. Aber was passiert mit Menschen, die diese Dinge erleben, was passiert mit den Schauplätzen eines solchen geistigen Glückes? Sie werden in der Regel dafür bestraft, zu nahe an der Sonne geflogen zu sein. Man nennt dies das Ikarus-Phänomen, und es betrifft alle diese Männer, die wie Godard, Trotzki oder Captain Beefheart irgendwann einmal ihren individuellen intellektuellen Höhepunkt mit einem entsprechend günstigen historischen Höhepunkt verbinden konnten, und dann noch verurteilt waren, unter weit ungünstigeren Umständen weiterzumachen.

Doch hier ist die Rede von der Ikarus-Stadt: ganz Paris ist in die Lächerlichkeit abgestürzt. Weder in der bildenden Kunst noch in der Musik ist hier in den fünfzehn Jahren, die hinter uns liegen, etwas entstanden, das die Welt auch nur im gering-

sten bewegt hätte. Einzig ein paar Filmer haben weitergemacht und das Leben aufgezeichnet. Godard, nachdem er jahrelang in die Schweiz und zu Videoprojekten geflüchtet war, durch starrsinnig-geniales Weitermachen-wo-er-aufgehört-hat, Rohmer und der verstorbene Truffaut dagegen haben eine Arbeit geleistet, die dem, womit wir uns hier beschäftigen, weit vorausgreift.

Denn haben wir nicht gesehen, daß unsere Generation sich vor dem Abgekoppeltwerden von den scheinbar unendlichen Vektoren *Weiter* und *Mehr* in ein Geflecht von historischen Bezügen rettete, in ein hysterisches Übertreiben des Historischen, und damit irgendwann in einem entsetzlichen Relativismus enden würde – um das Ende der Geschichte schon mal vorwegzunehmen –, haben diese beiden schon mal mit etwas angefangen, was sich hierzulande (und damit ist nicht die BRD, sondern Hipland, Popland oder Bohemia gemeint) eben noch lange keiner trauen wird: die Reorganisierung des Lebens als ein sinnvolles, jenseits aller artistischen und politischen Bestrebungen des Einzelnen. Daß Menschen jenseits dieser beiden Parameter überhaupt leben können, daß es überhaupt Menschen gibt, die ein akzeptables Leben – ohne politischen und/oder künstlerischen Ehrgeiz zu fühlen – leben können – dafür liefert das Paris der 8oer Jahre die Kulisse.

Wir genießen die Zeitlosigkeit des Novotel. Was für eine Moderne ist das hier? Keine der blutigen ideenreichen Lehren von Lebensführung und Lebensqualität haben beim Design dieser Häuser eine Rolle gespielt, kein Kampf ums richtige Denken hat in das Frühstück oder die Taxiorganisationen eingegriffen, niemand käme auf die Idee, daß dieses Paris, das die Moderne längst vergessen und die Postmoderne verschlafen hat in seiner Schläfrigkeit, demnächst einmal wichtig werden könnte. Trotzdem ist André dann erstmal nach London gezogen.

## Was die Franzosen denken

In Paris entstand dann gleichwohl das an den Universitäten, auch Deutschlands, in der zweiten Hälfte der 7oer Jahre maßgebliche Denken. Das, was in den Büchern so verschiedenartiger und auch so verschiedenen historischen Phasen zugehöriger Typen wie Jacques Lacan, Roland Barthes, Merleau-Ponty, Althusser, Julia Kristeva, Derrida, Luce Irigaray, Foucault, Deleuze, Guattari und in letzter Zeit am schmerzhaftesten – und am schmerzhaftesten präsent – in den Büchern von Jean Baudrillard und J. F. Lyotard geschrieben steht, bildet das Geheimwissen, das unsere Generation, sofern sie eine studierende war, brauchte, um wieder Eliten und damit Verbindlichkeiten im Denken zu rekonstruieren. Alles plan Marxistische, was je vom Inhalt her das verbindlichste Denken ist, das es gibt, war ja in die Hände derer gefallen, die am liebsten darüber diskutierten, ob man in den Seminarräumen rauchen sollte oder nicht, es war einer nachgerade vernichtenden und sehr undialektischen Banalisierungsfolter zum Opfer gefallen, die es stumpf und unbrauchbar gemacht hatte. Das »französische Denken« hatte folgende Vorteile: 1.) Rettung der Kunst 2.) Rettung der literarischen Avantgarde 3.) Einführung eines neuen einschüchternden Vokabularbestandes. Sein Hauptvorteil für eine kurze Zeit entpuppte sich dann allerdings, vor allem bei den später modern gewordenen Autoren, als sein Hauptnachteil: seine Beliebigkeit.

Die Fülle der Möglichkeiten, die das neue Vokabular uns servierte, und das zu benutzen es nur der Chuzpe bedurfte, die gute Leute immer haben, verführte dazu, und das war gut so, daß alle kurzfristigen Ideen, Projekte, Vorlieben, Teilvorlieben und Obsessionen mittels eines gewaltig tönenden Überbaus in kleine Umstürze umgedeutet werden konnten. Die Rauchen/ Nichtrauchen-Fraktion der staatlich anerkannten sozialistischen Studenten-Organisationen saß mit offenen Mund da und schnallte ab. Aber genau wie unsere andere Waffe, die Historizität von Pop-Ereignissen, dem Relativismus Tür und Tor öffnete, so entstand auch an den Universitäten eine postmoderne, frankophile Schwaflergeneration, die es im Laufe weniger Jahre schaffte, uns mit unseren eigenen Waffen zu schlagen und gerade das uns zunächst hochintellektuell scheinende »französische Denken« in den Dienst alter und neuer Hippie-Werte zu stellen: Zärtlichkeit, Toleranz, (viele kleine Bewegungen, dezentral, Mikroprozesse), die Dinge rauslassen (Wunsch! Die Entmarxisierung dieses von zwei nicht gerade orthodoxen, aber immerhin Marxisten in die Welt gesetzten Begriffes – gemeint sind Gilles Deleuze und Felix Guattari – gehört zu den traurigsten Kapiteln speziell dieser Postpostmodernen), Dampfkessel-Theorie der Sexualität (es konnte passieren, daß in einem Seminar über Kant gesagt wurde, er hätte nur deswegen so »rigide gedacht, weil er ja nie gefickt hat«) und wilder, religiöser Anarchismus, Intensität (hier machte sich vor allem der inzwischen zur Kunstautorität aufgestiegene und Ausstellungen über Design ausrichtende Free-Jazz-Philosoph Lyotard unverdient) und, fassen wir's zusammen – Intellektuellenfeindlichkeit –.

Doch lag das nicht allein an der in den Schriften mancher dieser Hoch- und Staatsphilosophen angelegten Beliebigkeiten, es lag vor allem an dem Auseinanderklaffen zwischen dem Niveau der zeitgenössischen Philosophie und dem Niveau der Zeitgenossen, das sich bereits 1968 abzeichnet. Wenn es damals bereits möglich war, durch die simple Einverleibung einiger Begriffe und einiger dialektischer Quältechniken der Frankfurter Schule eine Elite zu konstituieren ... Das führte dazu, daß das, was real in Bohemia passierte und das Tagwerk von Langeaufbleibern war, nicht mehr, wie noch zu Zeiten der Beatniks, vernetzt war mit einer Theorie, die sich aus dem Denken der aktuellsten und weit fortgeschrittensten Philosophen der Epoche speiste. Die Philosophie war in ihrem *Weiter* den anderen davongerauscht, und lustigerweise drehte sie nach dem Abheben einen kleinen Looping und ist gerade jetzt in den 60er Jahren gelandet, bei Bewußtseinserweiterung, intensivem Leben und Mikrorebellionen. Lauter Dinge, die die Hippies mit großer Euphorie und Emphase betrieben haben, die aber jetzt gerade von denen mit Begeisterung gelesen werden, die seitdem nichts dazugelernt haben und mithin zu den reaktionärsten Kräften in Bohemia gezählt werden müssen.

## Catherine sagt

Catherine sagte mir: »In Frankreich haben wir noch so etwas wie eine Poesie der Begrifflichkeit.« Was immer sie damit meinte, wahr ist, daß, wie in der Poesie, wo das Wort nicht nur auf Denotationen, sondern auch auf Konnotationen, Klangwerte, Assoziationshöfe und wie man dergleichen mehr benennen mag, abgeklopft wird, man in Frankreich auch Philosophie nicht nur mit dem Verstand betreibt, sondern auch mit anderen möglicherweise recht zarten Organen, die aber eben oft den Wohlklang über die Wahrheit stellen – und nur in der Kunst und erst recht in der Pop-Kunst gilt, daß das Schöne der Abglanz der Wahrheit ist, nicht in der Philosophie.

Catherine sagt: »Ich glaube nicht an Festlegungen. Es macht mir gerade Spaß, meine Identität stets aufs neue festzulegen.«

Catherine sagt nichts Neues, aber wenn man der Bourgeosie und ihrer Kultur zu oft die Künstlichkeit der Identität auf die Nase bindet, wird sie die Idee auch auf die Künstlichkeit anderer Errungenschaften des 19. Jahrhunderts übertragen, und dann sind die Klassen als erstes dran.

Catherine sagt, Catherine sagt, Catherine sagt.

## London! Now!

Spätsommer in Camden. André lebt in einer Villa am Regents Park und zahlt nur eine geringe Miete, die eigentlich keine ist. Alle sechs Wochen kommt eine Art Mafioso, jedenfalls ein Italiener, vorbei und verlangt nach ein paar krumpeligen Pfund-Noten. Aber er läßt sich schon mal um sechs weitere Wochen vertrösten.

Rund um den Regents Park stehen haufenweise Villen leer. Private Käufer wollen gerne Bürohäuser daraus machen. Doch die sozialistische Verwaltung dieses Londoner Stadtteils will nur Privatwohnungen zulassen. Das wiederum birgt die Gefahr des »Squatting«, denn anders als in Berlin, wo Besetzung und Räumung von Häusern noch zur Kenntnis genommen werden, ist es in London schon seit Ewigkeiten üblich, leerstehenden Wohnraum zu beschlagnahmen, ohne daß jemand davon viel Aufhebens machte. Doch ist Camden wieder nicht sozialistisch genug, diese repräsentativen, wenn auch verrotteten Villen den Squattern zu überlassen, die in dieser Gegend ohnehin schon genug Wohnraum ihr eigen nennen. »Squatter's right« ist der im Englischen wie Amerikanischen gebräuchliche Ausdruck für »Gewohnheitsrecht«. Daher ist irgendein kleiner Beamter dafür verantwortlich, daß niemand in diese Häuser eindringt. Dieser kommt auf die Idee, die Dinger unter der Hand und wieder ohne viel Aufhebens und sehr diskret zu vermieten und die ansässigen Mieter als Hausmeister zu verpflichten, und so die Wohnung squatterfrei zu halten. Das Geld scheint er sich mit dem Italiener, der als illegale Exekutive fungiert, zu teilen.

Natürlich: Einerseits ist es wahr, daß es auf die Dauer nicht schmeckt, unter diesen windigen Voraussetzungen zu leben, daß es kein wirkliches Erwachsenwerden geben kann, wenn der Hauswirt ein geschmierter Mafioso ist und die ganze Lebensweise, mitten in der Großstadt, so verdammt in ihrem infinitesimal Provisorischen an die Land- und Suburb-Kommunen erinnert, durch die wir, irgendwie sexuell verklemmt, als 18–20jährige gestrichen sind.

Aber: Auch *dein* Hauswirt ist ein Mafioso. Und weißt du, wie der Mann aussieht, der deine Arbeitskraft ankauft? Egal. Am Regents Park in diesen Villen lebt ein Dutzend und mehr Ausländer, meistens Musiker, Deutsche, Franzosen, Inderinnen, Rastas – *global bohemia*. Unter ihresgleichen sind in anderen Großstädten viele, die sich diesen entbehrungsreichen, aber dennoch romantischen und – aus vielerlei Gründen an der Heimatfront gewinnbringenden – Auslandsaufenthalt auferlegen, um ihn als Pflaster auf der Biographie zu tragen.

In London dagegen kristallisierte sich um die letzte Jahrzehntwende – und dieser Trend ist keinesfalls rückläufig – ein neuer Typ heraus, der nicht down and out als künstlich herbeigeführte Insignien auf eine bourgeoise 1a-Biographie pappt, sondern hier – im Zentrum der Pop-Geschichte, an dem Ort wo der sophisticated historizistische Pop erfunden wurde –, überdauern will. Der gerade hier einen Geschmack von Dauer kostet, der anderswo, wo die durch die Idee der beiden Waffen »Aktualität« und »Historizität« bedingte Akzeleration der Kultur fehlt, gar nicht zu schmecken ist.

Seit Punk war ja die Idee der historischen Referenzen, zum Rumspielen mit Stilen, die Idee der Aktualität, der offensiven

Vergänglichkeit hinzugekommen. Das Talent der Popmusik, Zeitgenössisches aufzunehmen, zu bilden und zu vermitteln, ihre Schnelligkeit ausnutzen. Von vornherein wissen, daß man heute hier ist und morgen vergessen. (Von der dummen linken Kulturkritik war diese Haltung immer mit Verschleißproduktion verglichen und der Schallplattenindustrie zugeschrieben worden. In Wahrheit war niemand über diese, zumindest zwischen 79 und 83 virulente Situation unglücklicher als die Plattenindustrie, die Woche für Woche einen neuen Star aufbauen mußte und stets aufs Neue die Kosten der Produkteinführung zu tragen hatte.)

Nur in London ist es möglich, ein Gefühl zu entwickeln für diese Idee von Pop, die in der Diaspora immer nur als intellektuelles und/oder ideologisches Konstrukt einer Kritikerkaste empfunden wird. Wer hier lebt, versteht nicht nur, worin der historische Beitrag unserer, der Second-Order-Hipness-Generation, besteht, nämlich, dem *Weiter* ein ganz besonderes, politisches jetzt entgegengesetzt zu haben. (Jetzt, Mann, die anderen haben es noch nicht gemerkt!) Dieses »Jetzt« ist das Element der Hipness, das wir gerettet haben. »Jetzt« markiert nicht mehr ein neues *Weiter*, aber ein neues, ganz strategisches Bewußtsein aktueller Notwendigkeiten. Dafür entwickelt der Londoner ein ganz alltägliches Gespür und wird dabei sehr ruhig. Und cool. Und geil müde. So weise, daß er fast in die alte blöde Lethargie der sprachlosen Spätsechziger/Frühsiebziger-Typen zurückfallen könnte, wäre man nicht auf der dialektischen Spirale eine Stufe höher. Weiter?

# Post-Bohemia

London ist groß und desorganisiert. Von Soho abgesehen, gibt es kein einigermaßen organisiertes Bohemia-Leben, das das für ein funktionierendes Bohemia-Leben unverzichtbare Element der vertrauten, gleichen Gesichter garantieren könnte (es müssen nicht dieselben Gesichter sein, nur die gleichen. Bestimmte Individuen verschwinden für andere, die genauso aussehen und lustigerweise genauso reden und nicht reden und denken und nicht denken. In Manhattan gibt es eine Entsprechung zu jeder Fresse aus Hamburg und Köln, in Berlin laufen dieselben Schnepfen rum wie in Wien, Düsseldorf oder Paris. Es gibt nur 814 Charaktere, die sich ad nauseam wiederholen.)

London ist wirklich groß und verstreut und damit wirklich modern, und ich meine modern. Nicht so ein riesiges, zersiedeltes, aber mit modernster Technologie vernetztes Gebilde wie Tokyo oder Los Angeles, sondern ein nachts geschlossenes, telephonmäßig schlecht erschlossenes Areal voller dunkler, großer Einsamkeiten.

London ist Post-Bohemia. Kein nächtliches Verbrüdern der kleinen In-Crowd, wie überall sonst von Manhattan bis Mannheim (niemand braucht zu glauben, New York sei groß. New York ist eine winzige Ecke Manhattans, sehr klein und aus drei, vier Clubs bestehend), sondern eine schwindelerregende Dialektik von nächtlichem Versinken in das geworfen alleingelassene bürgerlich-existentialistische little Ego und einer tagsüber glänzenden, brillanten Jetzt!-Mann-Jetzt! Schnell-bevor-die-anderen-es-merken-Hektik.

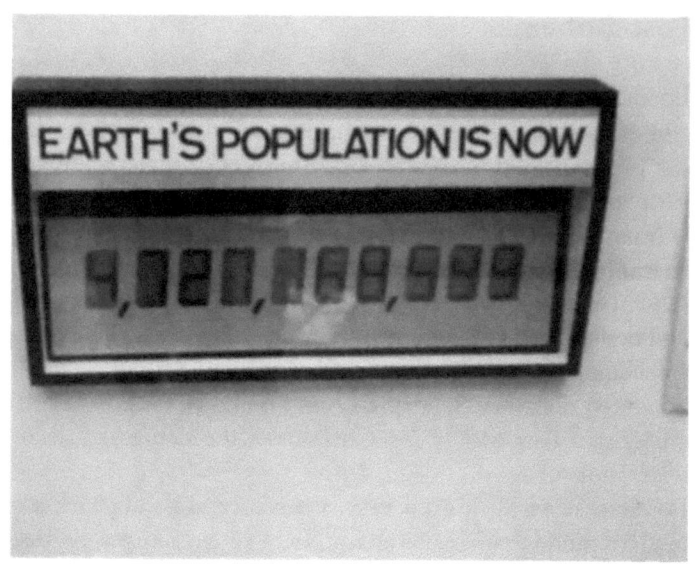

EARTH'S POPULATION IS NOW

4,020,860,999

## The Privileged Poor

Warum reden wir überhaupt von diesen Leuten, die doch, wenn überhaupt, maximal Leistungen erbringen, die sich nur auf das von ihnen selbst errichtete System beziehen, die ausschließlich reflexiv arbeiten, früher wenigstens noch mit einem Ideal von Transzendenz und *Weiter*, heute nur noch rückbezüglich, unverständlich und auch noch stolz darauf?

Reden wir mal von New York, ein Schritt weiter nach Westen. Auch wenn André nie hierher gezogen ist, viele andere sind's. Nirgendwo so sehr wie in New York wird einem klar, was das hervorstechendste Merkmal der Einwohner Bohemias ist: Sie sind arm. Wer in Armut und mit italienischem Mafiosi als Landlord in London überdauert, kann die Würde für sich in Anspruch nehmen, nicht in Deutschland als Werbetexter arbeiten zu müssen, wer in Hamburg nachts das eineinhalbfache dessen versäuft, was er tagsüber in dem auf Selbstausbeutung angelegten Knast Bohemias verdient hat, kann für sich in Anspruch nehmen, das »wirkliche«, nichtentfremdete Leben zu führen. (Oft sagen diese Leute auf die Frage, warum sie leben, wie sie leben: Ich will einfach nur leben. Einfach nur leben ist, wenn alle Koordinaten, die ein Leben eigentlich beschreibbar machen, fehlen). Aber wer in New York arm ist, ist einfach nur das: arm.

Andrerseits sind auch diese Leute auf irgend etwas stolz. Und darauf muß man erst mal kommen. Auf was eigentlich? Nun, sie sind wie überall in der Welt Angehörige eines in sich ungemein filigran organisierten kleinen Hip-Systems mit Aufstiegs- und Abstiegschancen. Und hin und wieder erbarmt sich ja der Dollar ihrer und holt sich Madonna oder Julian Schnabel und überschüttet sie für eine oder mehrere Saisons mit einigen Millionen. Sie bevölkern die für normale Menschen sündhaft teuren New Yorker Nachtclubs, dank der seitenlangen Gästelisten, dank der Hip-Sozialhygiene, die eine ganz besonders talentierte Türstehherrschaft zugunsten all derer, die sich mit ihrer Hipness Mühe geben, ausübt. Aber da ist noch etwas anderes. Im Gegensatz zu allen anderen Armen sind sie informiert.

Dies fällt vor allem in Amerika, namentlich in New York auf, wo Armut und Analphabetismus und alle anderen Dritte-Welt-Erscheinungen in Hip-Touristenzielen wie der South-Bronx oder dem inzwischen zum Galerienviertel sanierten Alphabet City die Unterschiede zwischen diesen zwei Sorten von Armut uns immer wieder so kolonialistisch vor Augen führen. Aber diese Leute sind arm und informiert. Das heißt, sie wissen, und sie gehören zur Klasse der Ausgebeuteten. Potentiell stellen sie damit ein ungeheuer gefährliches Potential von intelligenten, avantgardistischen, entschlossenen Lumpenproletariern dar.

Nur lassen die natürlich zunächst mal niemanden an die ausbeutbare Arbeitskraft heran, im Gegenteil, sie stellen ihre Armut als existentialistisch-gewähltes Aufbegehren gegen die mit schnödem Geld belohnte Bereitschaft zur Ausbeutung, und dies ist natürlich ganz im Sinne des – nennen wir's ruhig so – Systems, denn würden sie mit all ihren Informationen sich in die Situation schöner, echter Ausbeutung begeben und ihre Ideale an Arbeit ohne Fluchtmöglichkeit und ohne Rechtfertigungsmöglichkeit in künstlerischer und politischer Hinsicht treiben lassen, würde wirklich etwas entstehen, was mancher Leninist am Horizont gesehen haben mag, als er von den Unmengen arbeitsloser Akademiker die ersten, vielversprechenden Berichte hörte. Und dann würde diese Klasse entstehen, die mein Lieblingstheoretiker und -praktiker der New Yorker Bohème, der Ex-Türsteher Haoui Montaug, so euphemistisch *The Privileged Poor* nennt und denen er im Rahmen seines Cabaret »No Entiendes« versucht zu sagen, wen sie wählen sollen und wie der Satz, das vereinte Volk wird nie besiegt werden, auf spanisch heißt. El pueblo unido jamás será vencido, nämlich.


# Der Hip-Intellektuelle

Was bewirkt nun das Leben in einer Stadt? Wohin bringt uns der Weg nach Westen? Was ist los im Westen unseres Bewußtseins? Wo ist der Sommer unserer Zufriedenheit?

Bohemia besteht aus zwei Sorten Menschen: Hipster und Hip-Intellektuelle. Maler gehören eher zur zweiten Sorte, Schreiber sowieso und Musiker gehören zu gleichen Teilen zu beiden Gruppen. Um eine gute Stadt zu sein, braucht sie eine ausreichende Anzahl von beiden. Unnötig zu erwähnen, daß beim heutigen Stand der Emanzipation die Frauen eher zu den Hipstern als zu den Hip-Intellektuellen gehören. Wer die

zentralen Kommunikationsorgane von Hipland kennt (Musikzeitschriften, Stadtzeitschriften, natürlich von beiden nur eine kleine Elite: die meisten sind ja auf Alternative, Hippies und Studenten als Klientel angewiesen), kennt auch den Typus des Hip-Intellektuellen. Er ist weniger unter den Autoren dieser Organe zu finden, die routiniert und abgebrüht und unter dem Einfluß des allnächtlichen Hipster-Bewährungsstresses beim Kampf um die Frauen längst selbst zu Hipstern geworden sind, man findet sie statt dessen eher unter den Leserbriefschreibern aus der Provinz, die entweder auch heute noch dort leben und von dort auf das Treiben in Bohemia schauen oder vor kurzem zugezogen sind oder bei den Eltern im Suburb wohnen und hin und wieder zum Zuschauen in die Stadt kommen.

Diese Hip-Intellektuellen sind die Maler, die Hipster das Sujet. Eigentlich sorgen die Hip-Intellektuellen für den Überbau der Szene, obwohl sie dort in der Hierarchie nichts gelten, denn sie sind jung und zugezogen, aber von ihnen stammt Vokabular und Ideologie, von ihnen stammt der Diskurs der Szene. Die Besten von ihnen werden zu kleinen Stars der Szene, um sich dann bitterlich an ihr zu rächen. Sie haben meine volle Sympathie, aber für dieses Verhalten kein Verständnis zu erwarten. Denn wer, wie sie auch irgendwann einmal, auch nur ein bißchen an die Privileged Poor geglaubt hat und sogar intellektuelles Herzblut für sie vergossen hat, darf nicht so kleinlich sein, an dem Tag, an dem auch die Hipster Dank und Tribut zollen, es diesen heimzahlen zu wollen, indem er sich an die Brüste des besser zahlenden bürgerlichen Feuilletons wirft. So sie verantwortungsvoll sind, werden sie in der Stadt zu Hipstern und bleiben dennoch Hip-Intellektuelle.

Der Hip-Intellektuelle bringt aus seinem angeborenen, eingeborenen Exil die Fähigkeit und unüberwindbare Neigung zur Projektion und Überhöhung mit sich, er ist der bürgerliche In-die-Tasche-Lügner par excellence, aber der großartigste. Denn nicht nur ist sein Ziel das Ehrenwerteste, die Quelle seines Projektionstriebs ist die ehrenwerteste und die stärkste, es ist der Geschlechtstrieb selbst. So entsteht der Hip-Intellektuelle. Intellektuell ist er von Haus aus, im Laufe der Pubertät geworden oder just by accident. Aber er weiß, wie alle klugen Menschen, daß die schönsten und besten Leute, vor allem Mädchen, in der Stadt sind, und zwar nicht irgendwo in der Stadt, sondern in den Revieren von Bohemia. Er weiß, daß er dahin will. Aber er ist nicht aus der Stadt. Er ist kein Hipster, wie wir den nach Bohemia hineingeborenen Leichtfuß, der von Haus aus Zugang zu den geheimen Revieren hat, nennen. Er ist der natürliche Konkurrent des Hipster. Was bleibt seiner bizarr umgeleiteten Libido anderes übrig als die Hipsterwelt mit einem Weltbild zu überziehen, sie zu überhöhen und zu übersteigern, das Feld aufzurollen, auf dem dann schließlich die Romane stattfinden, die, als das ganze vor ein-, zweihundert Jahren losging, angefangen haben, Bohemia überhaupt erst einmal namhaft zu machen.

Durch dieses Namhaft-Machen hat Bohemia einerseits an Stolz und Potenz zugelegt; gleichzeitig heißt namhaft machen immer, der Polizei ausliefern. Der Hip-Intellektuelle, der Bohemia Wort und Selbstverständnis gab und gibt, sowie er seit Urzeiten aus der Provinz in ihren Zentren auftaucht, ist gleichzeitig der Agent provocateur, der bestimmte Praktiken erst erfindet oder benennt und damit dem Zugriff der sinnstiftenden bürgerlichen Gedankenpolizei ausliefert.

Das Mischverhältnis Hipster–Hip-Intellektueller ist wichtig für die Qualität einer Szene. Auf hundert Hipster darf höchstens ein Hip-Intellektueller kommen, aber der muß gut sein, schlechte Hip-Intellektuelle können alles verderben. Gemessen an London ist jeder Hamburger Hipster bestenfalls ein Pseudo-Hip-Intellektueller. Dagegen braucht sich ein Hamburger Hip-Intellektueller vor einem Londoner Hip-Intellektuellen nicht zu verstecken.

Den Amerikanern haben wir es übrigens noch immer beigebracht, daß sie vor uns Europäern auf die Knie zu fallen haben.

# Die Großfreunde

Nur wenige schaffen es von Anfang an, beides zu sein: unmäßig projizierender Hip-Intellektueller und natürlich-begehrenswerter Hipster, also gleichzeitig Sujet und dessen Bearbeitung in einer Person, ein Künstlerideal, wie es die Dauerbrenner aller Künste von Andy Warhol über Gilbert & George und ihre Epigonen, der Gruppe Kraftwerk bis hin

zu David Bowie immer vor sich hergetragen und praktiziert haben.

Der Hintergrund ist eine bestimmte Sorte Freundschaft. Da in Bohemia alles so schnell geht und auch Zweierbeziehungen und Liebe einem ständigen Störfeuer von Ideen, Selbstverwirklichungsmodellen und hysterischen Individualismen ausgesetzt sind, ist das einzige, was Bestand hat, eine bestimmte Sorte Freundschaft, die auf nichts anderem fußt als der Übereinkunft der Befreundeten, sich gegenseitig für Höhere Wesen zu halten. Diese Freundschaften sind nicht nur aus psychohygienischen Gründen überlebensnotwendig, sie sind die treibende Institution in jeder Bohemia.

Wir müssen sie kurz von anderen Institutionen unterscheiden, mit denen man sie verwechseln könnte: die Clique, jene aus Teenager-Zeiten herübergerettete Gruppierung aus Zufallsfreunden, die sich in den mittleren Zwanzigern spätestens zerstreut hat und auf nichts anderem basierte als der Tatsache, daß man im selben Suburb wohnte und sich auf ähnliche

Weise langweilte. Die Künstler/Musiker-Gruppe, die sich aus einer Mischung von persönlichen und strategischen Gründen zusammengeschlossen hat, weil ihre Mitglieder mit ähnlicher Zielsetzung den Kunst- oder Musikmarkt erobern wollen. Sie bricht in der Regel auseinander, wenn sich Erfolg einstellt. Die Verdrossenen, Freunde, oft die engsten, die jahrelanges Scheitern an ähnlichen Bedingungen zusammengeschweißt hat. Als sensibler Entdecker von Opportunistenverhalten sind sie unverzichtbar für den moralischen Bestand von Bohemia. Die Berufskollegen. Arme Schweine, die irgendeinem steady job nachzugehen müssen glauben und sich gegenseitig stützen, indem sie ihr Berufsblabla (Werbung, Journalismus, Plattenindustrie) zur geheimwissenschaftlichen Konversation hochstilisieren.

Doch unsere Freunde, unsere Großfreunde, hält etwas anderes zusammen: Sie wissen, sie sind besser. Sie kritisieren einander zwar viel und heftig, aber sie wissen, daß sie sich dies leisten können, denn sie wissen untereinander, jeder von ihnen ist, auch wenn er sich heftigsten Demontagen durch seine Freunde ausgesetzt sieht, mehr wert als jeder andere in der Welt.

Dieses Wissen verleiht den Großfreunden eine Aura, die sie herrlich, uneinnehmbar und begehrenswert macht. Sie sind autonom wie Hipster, aber sie sind wortgewaltig und produktive Projektionisten wie die Hip-Intellektuellen. Schließlich ist das System der Großfreunde eine gewaltige Projektion, deren Behauptungen keiner Prüfung standhalten.

Aber es war ja schon immer so, daß solche Zirkel von George bis Fassbinder – obwohl beide in ihrer Manieriertheit und ihrem Hineinlappen in das Künstlerzirkelhafte nicht ganz typisch sind – Bohemias Geschichte gemacht und vorangetrieben haben.

Aber es ist eben auch so: In Bohemia wird intensiver gelebt als irgendwo sonst. Wenn also in Wissenschaftlerkreisen Erkenntnisse, Richtungen, Auslegungen und dergleichen Schulen bilden, Zirkel und Kreise, dann weil diese Wissenschaftler tatsächlich ihre Wissenschaft in den Mittelpunkt stellen und als ihr Leben betrachten. In Bohemia wird aber nicht das Erarbeitete als Leben empfunden, sondern das Erlebte, das, was sich in dieser immer längeren, möglichst unendlichen Freizeit zugetragen hat.

Bei unserer Generation hat diese Konstruktion den generationstypischen Haken. Unsere Freundschaften entstanden im Zeichen der Ideologie der Intensität, eine Ideologie, die wir heute ablehnen, trotzdem sind unsere Freundschaften hundertprozentig von vergangenen Intensitäten der Gemeinsamkeit geprägt. Und wir haben heute die Aufgabe am Hals, diese nächtelangen, intensiven Debatten aus den mittleren und späten 70ern auf die Begriffe zu bringen, die uns und unsere Freunde von allen anderen unterscheidet.

Dabei will ich eines nicht unerwähnt lassen. Ich kenne viele Menschen: meine Freunde sind die besten.

## Trotzki, Engels, Eckermann

Mein bester Freund in all den Jahren war wie mein erster bester Freund Anführer einer pubertären Clique. Aus bestimmten Gründen bin ich immer als zweiter Mann in solche Cliquen hineingewachsen. Seit der frühen Kindheit. Der Grund war am Anfang einfach: Ich war nicht stark, aber intelligent. Die nicht starken, aber intelligenten sind die sympathischsten und wichtigsten Menschen, denn sie bilden den ewigen Hip-Intellektuellen, der im Zentrum einer Welt ihren Sinn stiftet, diesen aber nicht als Hipster repräsentieren muß: Trotzki, Engels, Eckermann.

Sie bilden die Tradition der feigen, aber blütenreinen und viel

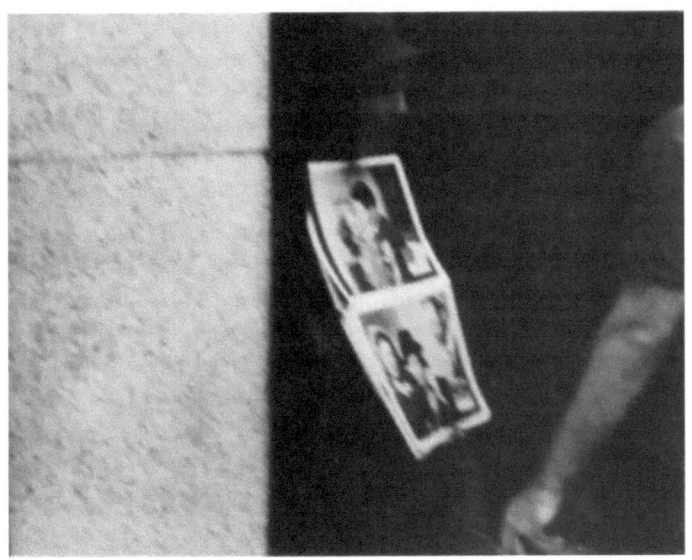

klügeren zweiten Männer hinter diesen Namen, die Geschichte machten. Richard Wagner ist ein Star, aber möchte man nicht Bülow in die Arme schließen? Yvan Goll ist moralisch und geistig – auch von seinem Werk her – Rainer Maria Rilke überlegen, für den seine möglicherweise reizende Frau Claire dann überflüssigerweise Leidenschaft empfinden mußte. Ossip Brik ist mir lieber als Majakowski, der es mit Ossips Frau Lilja trieb und dann – Gott sei's geklagt – in den Tod ging. Kissinger war der Hip-Intellektuelle von mehr als einer US-Regierung und bekanntlich der Hauptschuldige an der Schreckensherrschaft Pol Pots.

Je fortgeschrittener referentiell und zitathafter Bohemia wurde, desto mehr wich der originale Hipster diesen zweiten Männern, diesen Hip-Intellektuellen. Plötzlich waren diese Intellektuelle und Hipster in einem. Erst in Amerika (Tom Wolfe, Hunter S. Thompson, Lester Bangs) und später in England, aber dort in einem viel stärkeren Ausmaß, wurden Journalisten und Klatschmäuler zu Stars, wurden wichtiger als die Stars selbst, jedenfalls beim Hip-Publikum.

So konnte ich jahrelang zweiter Mann sein, und, obwohl ich diese Zusammenhänge noch nicht durchschaute, genießen, das zu sein. In der Grundschule verlor ich jede Prügelei, aber ich durfte die Spiele ausdenken. Mein erster bester Freund in der »Blu 2000«-Szene wurde mein erster Abnehmer einer Großfreunde-Ideologie, die unserer Clique einen uneinnehmbaren Nimbus verschaffte, obwohl wir objektiv weder Ruhm, Geld noch Drogen anzubieten hatten, wir hatten nur »Es«: das Hip-Bewußtsein, und zwar das richtige zur richtigen Zeit.

Großfreunde sind Post-Künstlerzirkel. Sie sind unter den historischen Bedingungen entstanden, die wir bereits kennengelernt haben: ein *Weiter* und ein *Mehr* sind nicht mehr möglich. Nur weiß es keiner, und alle suchen noch heute fieberhaft die Zeichen der Zeit nach beiden ab. Nach einem »Es«. Großfreunde simulieren ein »Es«, sie haben es, das »Es«, den ganzen Tag, und alle anderen wollen es wissen. Die Mädchen wollen mit dem Schönsten schlafen, wollen das »Es« spüren, die jungen wollen Freunde des Anführers werden. Hat er nicht das »Es«? Die Schlaumeier picken sich den heraus, den sie für den Chefideologen halten. Und doch wird keiner fündig, kann keiner fündig werden. Denn es ist wie mit jeder neuen Kunstrichtung, die erst wird, was sie wird, weil bestimmte Leute Übereinkünfte geschlossen haben, daß sie etwas sei. Erzähl keinem was!

# Beat

Und dennoch sind diese Vereinigungen nicht Schall und Rauch, wie auch gute neue Kunst weder das eine noch das andere ist. Sie sind keine zynischen Zweckbündnisse, und sie verdanken sich nicht alleine den Akzidentien, die in einer bestimmten Nacht bestimmte Leute zusammengeführt haben. Nicht jeder kann ein Großfreund werden. Nicht zu unterschätzen ist das archetypische Modell der Gruppe, das wir von den Beat-Bands her kennen. Die Beat-Band, wie sie sich am besten und präzisesten durch die Beatles als Struktur eingeprägt hat, ist Urzelle aller Bohemia-Soziosysteme seit den mittleren 6oern. Die soziologische Struktur, die trotz dialektisch notwendiger Gegenbewegungen, wie gewisser großer Einzelner am Anfang der 70er, prägend für alle sozialen Organisationsformen von Bohemia wurde.

Die Beat-Gruppe ohne Beat, das sind heute die Großfreunde. Eine Zusammenstellung von Menschen, deren Bedeutung nicht durch ihr Verhältnis zu einer Fähigkeit, einem Talent oder einer Position in der Welt bestimmt wird, sondern durch das Verhältnis ihrer Fähigkeiten, Talente und Positionen in der Welt zu den Fähigkeiten, Talenten und Positionen in der Welt der anderen Gruppenmitglieder. Also so wie in Saussures Theorie der Sprache eine Bedeutung nicht durch das Verhältnis eines Zeichens zu seinem Bezeichneten entsteht, sondern durch das Verhältnis des Zeichens zu allen anderen Zeichen. Die Freundschaften und Freundschaftsagglomerationen von heute sind also semiologische Ketten, die ihren Beat-Gruppenhaften literarischen Überbau stets aufs neue feiern und aufbauen müssen. Ganz im Sinne von: Hey, hey we're the Monkees! Es kommt daher auch nicht darauf an, daß man Archetypen aus bereits vorhandenen Gruppen ähnelt, solange man nur imprägniert wurde, rechtzeitig, daß nur diese kleinen Gruppen siegen und Erfolge einheimsen. Hatten nicht unsere Basis-Gruppen an Schulen und Universitäten meistens Beat-Gruppen-Größe? Waren nicht der Soziologie-Boom und die Kommunen, die unsere Vorgänger-Generation angezettelt hatte, bei uns auf so fruchtbaren Boden gefallen, weil es uns Gelegenheit gab, unseren Ur-Soziotop John, Paul, George und Ringo auf ein abstrakteres Niveau zu heben? Und zur wissenschaftlich-moralischen Allgemeingültigkeit zu verhelfen?

# Beat-Generation

Der blaue Käfer parkte meist in den frühen Nachmittagsstunden vor der verkehrsberuhigten Straße in einem Hamburger Kleinbürger-Vorort. Für gewöhnlich saß ich bereits irgendwo in Hörweite, hatte Grateful Dead relativ leise gedreht und wartete auf die kurzen Huptöne. Oder ich saß im Garten und las, an eine Birke gelehnt. Was las ich? Es spielt keine Rolle. Es ist oft genug darüber geschrieben worden, was die Hippie-Generation gelesen hat, was ihre kranken Überlebenden heute noch lesen, eben Hesse, Tolkien, es ist genug darüber geschrieben worden, was die Beatniks lasen, eben Dostojewski, Camus, oder selbst schrieben, Ginsberg, Olsen, Ferlinghetti, Kerouac, Berrigan, Creely etc., oder gar zitierten, Apollinaire, Blake, Garcia Lorca, Rimbaud und Baudelaire.

Als Nicht-mehr-weiter-Generationsmitglied mußte ich bekanntlich durch alles durchhecheln und noch die Autosuggestion aufbringen, mich historisch und bewegungsmäßig als ein Zugehöriger, Fellow-Outlaw zu begreifen. Und wenn Gins-

berg schrieb und die Fugs sangen: »*I saw the best minds of my generation rot*«, dann mußte ich versuchen, die Köpfe meiner Generation mitverfaulen zu sehen.

Heute bedeutet mir schon so lange keiner der eben genannten Schriftsteller, außer Apollinaire und Lorca, irgend etwas, daß ich es mir leisten konnte, neulich mal wieder Gedichte von Creely und Berrigan vorzunehmen. Und es war ganz hübsch mitanzusehen, wie unter dem Imperativ des Unterkiefer-vor-schieben-und-die-Worte-rauslaufen-Lassen, ein letztes Mal eine Generation von potentiellen Taugenichtsen mit reinem, aber angenehm zeitbezogenen, gehackten Sprachwust, die Stirn hatte, der bürgerlichen Gesellschaft das damals aktuelle Gestammel Bohemias als Literatur zu verkaufen. Das ist eine eindeutig höher zu bewertende Leistung als die eines, sagen wir, Dokoupil, mit seinen so gerne als subversiv interpretierten Stilwechseln teure Bilder an die Bourgeoisie von heute zu verkaufen.


## Ein künstliches Paradies

Ich saß also an der Birke und las. Was ich las, tut nichts zur Sache, und wenn es ausnahmsweise sogar etwas Gutes war, wie Hamsun, Marx oder Benn, das gab es schließlich auch manchmal. Ich tat es nicht als teilnehmender Leser einer späteren Generation, literaturinteressiert womöglich, und ich tat es auch nicht als Zeitgenosse, ich tat es, weil ich hinter dem verlorenen *Weiter* herhechelte, während es draußen vor der Buchenhecke hupte und der blaue Käfer parkte. Ihm entstieg ein Freund von mir, der mächtigste Mann einer bestimmten Großfreunde-Szene, auch wenn es das Wort damals noch nicht gab und er allgemein als der »King« einer »Gang« apostrophiert wurde.

Ich schlug die Wagentür zu, und er legte eine Kassette ein, womöglich von Quicksilver Messenger Service, Cream oder Doors, wir hörten damals, 1973 im Sommer, besonders gerne Musik, die aus der Zeit der letzten großen *Weiter*-Euphorie stammte.

Ich für meinen Teil hatte ja gerade erst einen Winter hinter mich gebracht, der mich ausführlich wie noch nie mit europäischer E-Literatur und Free Jazz zusammengebracht hatte. Wie für viele Intellektuelle, die in den 60ern wirklich dabei waren, war es auch für mich ungemein erholsam, von Free Jazz auf psychedelische Drogen und lyrisch-bramarbasierende Pop-Musik mit drittklassigen Rimbaud-Imitat-Texten und langen Soli umzusteigen, die zumindest von der Länge her den *Weiter*-»Hörgewohnheiten-Knacken«-Anspruch des Free Jazz übernahmen. Und außerdem hatte ein Kritiker Eric Clapton in seiner Eigenschaft als Cream-Gitarrist mit Pharoah Sanders verglichen.

Wir pickten noch vier Leute auf und fuhren in die Natur. Dazu hatten wir an Wegzehrung sieben LSD-Trips dabei. Cornelia nahm ihren ersten, für sie reichte ein halber, aber wir anderen fünf hätten mit einem unter Umständen nicht genug und wollten vielleicht noch *nachwerfen*, dafür mußte man gerüstet sein. Natürlich fehlten auch ein paar Valium 5 und 10 nicht, das allgemein anerkannte Mittel, wenn ein Trip zu stark war. Und wie stark die Dinger waren, konnte man ja vorher nie genau wissen.

Wir fuhren zum Großensee, weil wir die Gegend dort einigermaßen kannten, und das ist ja eine andere ganz wichtige Regel, daß man sich auf dem Trip nicht verloren fühlen darf. Das Auto, als für Fortgeschrittene zulässige Alternative zu der für Anfänger unbedingt schnell erreichbaren eigenen Wohnung, mußte leicht zu finden sein, außerdem kannten wir diese Gegend um diesen Parkplatz und waren alle gute Freunde. Einen guten Freund braucht man jedenfalls unbedingt bei einem Trip. Und Cornelia, die Novizin, hatte ja uns.

Die Sonne stand noch recht hoch, als wir die Pillen schluckten. Als es bei mir nicht schnell genug losging, warf ich noch einen Ganzen nach, trottete alleine ans Ufer, betrachtete irgendeinen komischen Vorgang aus der sich in kleinen Tümpeln wunderbar organisierenden Unterwasserlandschaft und wollte den kosmischen Flash meiner ersten Trips wiedererleben. Damals blähten sich Räume auf und schnurrten zusammen, Welträtsel ließen sich auf einfache, aber ungeheuer tiefe Formeln bringen, die wir hastig zusammenzukritzeln pflegten, um sie am nächsten Morgen als banal zu verwerfen, Fernsehserien trieben uns zu hysterischen Anfällen, wir waren so weise, daß es weh tat, und wir waren mit sechzehn mindestens so weit wie irgendein

Mönch in Lhasa nach sechzigjähriger Meditation. Mein Gott, was für ein Spaß! Und das alles dank der Medizin und ihres kleinen Irrläufers LSD 25. 12000 Hindi-Göttinnen tanzten in den Baumkronen. Doch an jenem Nachmittag ging es trotz des zweiten *Ganzen*, eine auch für mich damals noch nie dagewesene Dosis, einfach nicht los.

Ich ertappte mich bei einem verboten banalen Gedanken! Wie hat wohl der HSV gespielt? Plötzlich krumpelte alles in mir zusammen. Ein Freund trat näher, ich blickte hoch, und er sah mich an. Man verstand sich ja schließlich blind, auf Trip, aber hin und wieder tauschte man aus, was gerade in einem los war. Auch wenn es meistens »so wahnsinnig« war, daß man es einfach nicht aussprechen konnte. Manchmal schwadronierte man auch bizarres Zeug daher, meistens, wenn man sich entschlossen hatte, den Trip zu Hause oder in der Wohnung eines Freundes einzunehmen und sich dann in die übliche Megalomanie hineinsteigerte, denn solange es nichts zu sehen und zu hören gab, mußte man das LSD-hafte eben in die Kommunikation verlagern.

Er stand immer noch neben mir und sah mich fragend an. Ich antwortete, in milder, tibetanischer Ruhe: »Ich habe soeben meinen Verstand verloren.«

– »Du hast was?«

– »Ich habe soeben meinen Verstand verloren. Ich möchte wissen, wie der HSV gespielt hat.«

Ein wieherndes Gelächter brach aus. Die Freunde krochen hinter den Bäumen und Büschen hervor und kreischten, daß die Massive des Himalaya ihr Echo zurückwarfen. Das war, weiß Gott, der kosmischste Scherz, den sie je gehört hatten. Den Ver-Stand-ver-loren. Hoho. Verstand! Was will man mit einem Verstand?

Mir war es durchaus ernst, obwohl ich den Verstand als Wert genauso mißachtete wie die anderen auch. Ich hatte mich nur ganz LSD-mäßig versprochen. Verloren hatte ich, in dieser

Sekunde, den LSD-Wertekodex, nach dem der Verstand u. a. nichts wert sein soll. Aber ich spürte, daß ich als LSD-Mann verlorenging, weil ich in diesem vorgeblich kosmischen Moment wissen wollte, wie der HSV gespielt hat. Etwas, das mich zwar meine gesamte Kindheit, nicht aber mehr nach Anbruch der Pubertät und dem Eintauchen in das Universum des *Weiter, Weiter* interessiert hatte.

Durch das Gelächter besonders verschreckt wurde unsere kleine Novizin Cornelia, die ohnehin mit dem Trip nicht zurechtzukommen schien. Sie war *auf Horror*. Der Anführer, mein Freund, Acid-erfahrener Recke der psychedelischen Bewegung, beschloß, daß sie in den Wagen zurückgehen soll. Wir anderen sollten mit, damit sie nicht unruhig werde und noch mehr auf Horror käme. Zurückfahren konnten wir aber auch nicht, weil unser Anführer und Autofahrer noch so stark »drauf« war, daß er noch nicht fahren konnte. So saßen wir zu sechst an einem Samstagabend auf einem Parkplatz in einem Naherholungsgebiet Hamburgs fest und warteten in einem blauen Käfer, daß unser Freund langsam *runterkam*.

Cornelia fühlte immer nach ihrem Haar und glaubte, es sei nicht echt. Sie erinnerte mich in ihrem Tun an den ersten Schwachsinnigen, den ich in meinem Leben gesehen hatte. Ein kleiner Junge, der mit mir zusammen in die Grundschule eingeschult wurde und dessen Verstand bei einem psychologischen Test geprüft werden sollte. Ich war zu demselben Psychologen bestellt worden, weil ich zu schnell sprach. Beide warteten wir in der sogenannten Pausenhalle der Schule darauf, daß wir aufgerufen würden. In der Pausenhalle war ein Aquarium. Der Junge betrachtete die Luftzufuhr und bestaunte die kleinen Blasen. Dann faßte er sich in sein blondes, lockiges Haar und wollte, ohne es sagen zu können, zum Ausdruck bringen, daß er eine strukturelle Ähnlichkeit entdeckt zu haben glaubte: sein Haar fühlte sich an wie die Luftblasen.

Ähnlich hilflos schwachsinnig saß Cornelia eingeklemmt im hinteren Teil des Käfers und kämpfte mit ihren Eindrücken. Draußen gingen deutsche 7oer-Jahre-Spießer vorbei und beendeten ihren Ausflug. Ich war immer noch drauf und wollte trotzdem wissen, wie der HSV gespielt hatte.

Cornelia brachte schließlich einen Satz hervor: »Sind die da draußen jetzt auch so wie wir?«

»Nein, Cornelia, die haben kein LSD genommen. Die sehen und wissen nicht, was wir wissen.«

Aber ich hatte an diesem Abend nicht nur erlebt, daß LSD schwachsinnig macht. Ich hatte auch das LSD endgültig besiegt. Ich setzte mich an diesem Abend, noch unter dem Einfluß der Droge, an den Flügel eines Freundes und versuchte zu spielen. Bis dahin war es immer so, daß die Übermacht der nicht hierarchisierbaren Eindrücke es unmöglich machte, zu spielen. Pflatsch lagen die Patschehände auf der Tastatur. An diesem Abend aber gelang mir der Jazzpopsülz, den ich in jenen Tagen zu spielen pflegte, fehlerfrei und den psychedelischen Restrausch konnte ich direkt noch in einen Spielrausch umsetzen.

Ich hab' danach zwar wohl noch den einen oder anderen Trip geschmissen, darunter durchaus folgenschwere, aber für die psychedelische Variante des *Weiter* war ich verloren. Ich hab' statt dessen kein Ergebnis des HSV mehr verpaßt und mit Freuden an seinen Erfolgen in den späten 7oern und frühen 8oern Anteil genommen.

# Natur und ...

Aber noch mal zurück: Wohin waren wir gefahren? In ein Naherholungsgebiet? Was wollten wir dort? O.K. Wir wollten in die Natur. Die Natur ist eine der absoluten Cruces un-

serer Generation, und das wird auch jedermann einleuchten, denn der Schatten dieser Crux ist über Bohemia hinaus auf die ganze Republik und ihre politische Kultur gefallen. Freuen Sie sich also, daß wir hier eines der auch Ihnen einleuchtenden Oberdilemmata von Bohemia behandeln können.

Natur war das bevorzugte Terrain derjenigen Hippies und Nachfolger, die den psychedelischen Weg beschritten. Ihr postpolitisches *Weiter* beinhaltete die Überwindung der Städtezivilisation und sollte sein dem angestrebten tibetanischen Bewußtseinsstand entsprechendes *Weiter* in der unberührten Natur finden. Wohlgemerkt war dies vom Ansatz her kein *Zurück*, sondern ein *Weiter* zur Natur.

Obwohl der etymologische Einwand richtig ist: Natur kommt von Geburt und allem, was damit zu tun hat, ihr haftet allein wegen des Wort-Sounds etwas zutiefst Regressives an. Aber ...

Die Idee des *Weiter*, diese ewig unausgesprochene, aber dennoch selbstverständliche Idee des Bohemia-Kulturkreises, hatte nur zu oft zu tun mit *Erweiterung*, mit Einreißen von Mauern (des Bewußtseins, der Tonalität, der Gegenständlichkeit, der Grenzen der Galerie etc.), es hatte nur zu oft zu tun mit der Wiederherstellung eines Wim-Wenders-Paradieses aus endlosen, weiten Wüstenpanoramen. In Amerika ist Natur weit, absolutes Weit, und das Paradoxon des amerikanischen *Weiter!* lag von Anfang an darin, daß es zur Natur führen mußte.

In Europa, wo die Natur, von Andalusien abgesehen, nicht *weit*, sondern gefaltet, geschrumpelt und dicht ist, wo es keine Horizonte und kaum Blicke gibt, und wenn, dann von oben nach unten (Die »herrliche Aussicht« ist immer ein Blick auf etwas herab, und das Herrliche an der herrlichen Aussicht ist, daß die Welt so klein geworden ist, während der Blick auf die Natur in Amerika sie erst richtig groß werden läßt. Wir Norddeutschen wissen das, wir haben die Marsch als feuchtgruseliges Wüstensurrogat, und ich wundere mich, daß die Hippies nie Hauke Haien als einen der ihren entdeckt haben.). In Europa vermischte sich der aus Amerika übernommene und hier nicht als andersartig erkannte Natur-Begriff mit der dialektisch in alle Bohemia-Bewegungen eingebauten »Zurück!«-Bewegung, wurde verstärkt durch Rassismen, die in den Anteilen der Schwarzen an Bohemia, also in New Orleans-Kultur, Voodoo, Jazz, Lebensfreude, Improvisation, Sumpf, Blues und »sich in seiner Musik so wohl fühlen wie ein Schwein, daß sich im Dreck wälzt«, wie der Blues- und Calypso-Sänger Taj Mahal sagt, Unmittelbarkeiten und Natürlichkeiten sahen, die eine *nostalgie de la boue* zum latenten Element der europäischen Nachkriegsbohemia werden ließ.

Natur lag am Ende von *Weiter*. Natur nahm einen mit freundlichen Country-Klängen in Empfang, wenn man schlotternd

und zitternd mit LSD-Hangover, viel zu tief in der Psyche gewesen oder mit Hipcat-Hangover, viel zu lange auf der Straße
gewesen, in den frühen 70ern »runterkam«. Die, die damals in
ihren späten Zwanzigern und frühen Dreißigern waren, waren ja ein Jahrzehnt lang »drauf« gewesen und konnten sich
jetzt in dem Bewußtsein, ihren Dienst am *Weiter* weidlich und
ausgiebig geleistet zu haben, gemächlich herabgleiten lassen
in die Wonne einer von Steelgitarren umschmeichelten amerikanischen Natur. Und sie konnten sich unendlich weise fühlen, wenn sie verkündeten, daß diese neue Einfachheit ja im
Grunde das gewesen sei, was sie schon die ganze Zeit gesucht
hätten. Wo waren noch Mauern, die man hätte niederreißen
können, die Welt war so in Ordnung, wie sie schon immer war.
Sirup und Ketchup und Sonnenuntergänge. Keine Frage: John
Ford hatte es schon immer gefilmt: das post-psychedelische
Paradies.
Aber wir! Wir, junge Europäer, gerade erst drauf, sollten wir
schon wieder runter? Und doch machten wir es wieder pflicht-
gemäß mit. Schließlich waren wir noch Kinder und klein und
schwach und die psychedelische Reise war anstrengend und
die ganze Byrds-Van-Morrison-The-Band-Nachkriegsmenta-
lität (6oer Jahre = Ersatzkrieg) war weich und weise, machte
einen alt und männlich und John-Wayneig. Jeder von uns hatte
schließlich in unserer kurzen psychedelischen Phase seinen inneren Liberty Valance erschossen.
Trotzdem waren bei unseren Ausflügen mit dem blauen Käfer
die beiden Phasen noch gemischt, die beiden von Kontinent
zu Kontinent so verschiedenen Naturbegriffe: Wir fuhren im
gleichen Maße zurück zur Natur wie über die Städte hinaus
weiter zur Natur. Wir wußten den Unterschied nicht. Aber
unsere Verwirrung steigerte sich in anderen Hirnen im Laufe
der 70er Jahre zu zweierlei Konstanten der Spätsiebziger- und
Achtziger-Kultur: Erstens: Der Vorrang, den sich die Natur in
nahezu allen Hirnen vor der Arbeit erkämpft hat. Zweitens:

Die Forderung an und von Künstlern, natürlich und körperlich und spontan zu schaffen und zu röhren. Dies letztere war das letzte verwirrte und primitivste Derivat der Intensitätskultur.


## ... Arbeit

Das Problem mit der Arbeit war nicht der Taylorismus und auch nicht die Entfremdung. Zwar hörte und hört man die Begründung oft, jemand wolle nicht steady arbeiten, weil die Arbeit entfremdet sei, aber selten war das gemeint, was Karl Marx damit meinte, sondern meistens eine Entfremdung des Arbeitsunwilligen durch eventuelle Arbeit von den höheren individualistischen Zielen, die er oder sie so im Leben hat.
Entfremdung ist für die meisten, wenn du morgens aufstehen mußt und nicht weiterträumen darfst. Träume! Wie innen, wie weit, wie tief innen, wie wahr! Arbeit? Wie außen! Wie oberflächlich!
Später sollten sich, wie in allen Lebensbereichen, die Werte ändern, aber in den 70ern galt, daß jede Ablenkung von der Individuation zu vermeiden sei.
Das Ergebnis war Bohemias große Armut und die Anfälligkeit für Korruption, und daraus fanden alle höchstens einen Weg, und das ist der sogenannte Job. Den konnte man nämlich, ja mußte man häufig wechseln und konnte so wieder Individuation betreiben.
Ich war Schlafwagenschaffner, Bauarbeiter, Metallarbeiter, Versicherungsangestellter, Verkehrsplanungsassistent, Hauslehrer und meistens Lagerist. Was für ein Lebenslauf! Knut Hamsun, Charles Bukowski und Bob Dylan haben nicht so viel erlebt, bevor sie berühmt wurden, und in Bohemia hat jeder mindestens so einen Lebenslauf. Was bin ich noch für

ein Waisenknabe gegen manche Profis. »Ich hab' jeden Job genommen, ich hab' oft auf Sand gebaut, doch was ich auch erlebte, ging mir unter meine Haut«, sangen Esther und Abi Ofarim Anfang der 6oer und formulierten damit das Credo der Geldbeschaffung Nummer eins im Bohemia der 7oer.

Durch das Vorübergehende dieser Jobs war auch klar, daß man ja nie in die Gefahr geriet, *denen ihr Spiel zu spielen*. Dafür brauchte man ja nicht einmal couragiert zu sein, denn die wollten einen sowieso nicht mitspielen lassen, brauchten einen nur als Vertretung oder Schwarzarbeiter oder wegen eines unvorhergesehenen Auftrags, und meistens waren wir sowieso so ungeschickt und schlecht, daß die regulären Kollegen uns alle Arbeit abnahmen, wir faul rumstanden und abends in dem Glauben nach Hause gingen, wir hätten das System schwer gelinkt.

Diese Kultur der Jobs ist heute unwirksam geworden. Die Jobs werden nicht mehr als Lebenserfahrung und Individuationsetappe verstanden, nicht mehr als aufregenden Ausflug in *denen ihre Welt*. Sie sind mittlerweile bittere Realität, weil, wer sie heute annimmt, dies in dem Glauben tun muß, daß er unter Umständen für ein Leben so arbeiten muß. Er hat nicht mehr das Vertrauen, das wir hatten, eines Tages als Schriftsteller, Jazz-Pianist oder – größtmögliches Zugeständnis an *denen ihre Welt* – Universitätsprofessor sein Auskommen zu haben.

Und aus einem anderen Grund ist diese Kultur gestorben. Wie wir gesehen haben, hat Bohemia ein kleines, scheinbar sinnvolles Pöstchen für jeden, der zur Selbstausbeutung als Kellner, Schallplattenverkäufer und New-Wave-Boutiquen-Aushilfe bereit ist. Wer einen solchen Job annimmt, tut das ja im Glauben, nichts Unentfremdetes zu tun. In seinem Bewußtsein findet keine Kollision statt, er muß über keinerlei Widersprüche nachdenken. Das Verschwinden marxistischer Kategorien aus allen Bewußtseinen hat dazu geführt, daß der Begriff Alternativkapitalismus oder der der Selbstausbeutung unpopulär und unbekannt geblieben ist. Diese glücklichen Arbeitssklaven und -idioten sehen keine Widersprüche und denken daher auch nicht. Individuieren statt dessen hinter der Kasse der Boutique der besten Freundin.


## Die Umwertung der Werte

Bis 1977/78/79 war gut:
Gefühle, Sprachlosigkeit, Schweigen sagt mehr als Worte, ein Blick, ein Bild sagt manchmal mehr als tausend Worte, ausgedehnte Frühstücke, ausgedehnte Gespräche über das eigene Innenleben, Weinen, Gefühle zeigen, sich, aber auch die Freunde ernst nehmen, Intensität, Wärme, Schlafen, Träumen, Spinnen, Pflanzen, Gewaltlosigkeit, Offenheit, Faulheit, Respektlosigkeit vor Vertretern *von denen ihrer Welt*, Renitenz, die Aussage verweigern.
Schlecht war:
Fußball, Erfolg, die Dinge zerreden, verstandesmäßigen Überlegungen den Vorrang vor einem noch so zarten kleinen Gefühl zu geben, Termine, Disziplin, Alkohol, Aggressivität, Lautstärke, Wollen, Drängen, Analysieren, Abgrenzungen, Kompromisse.
Danach kam es in Bohemia zur bekannten Umwertung aller Werte. Ein interessanter Vorgang. Was gut war, wurde schlecht und umgekehrt, und das System blieb trotzdem erhalten. Wie war das möglich?
Es wurde zwar nicht alles schlecht, was vorher gut war und umgekehrt, aber die Schranken waren geöffnet und jede Subgruppierung konnte für sich entscheiden, welchen Teil des alten Guten sie behalten wollte, als Gut, und welchen Teil des alten Schlechten sie nunmehr zum Gut erklären wollte.

Die Folge war die von älteren Semestern so viel beklagte Auf-
splitterung der Jugend in viele kleine Gruppierungen, die es
*denen ihrer Welt* angeblich so leicht mache, uns zu unterdrük-
ken. SPD-nahe Bohemia-Prediger wie Udo Lindenberg riefen
zum Zusammenhalt auf und hatten Erfolg, denn obwohl der
Standardjugendliche heute kurze Haare hat, statt lange, denkt
er eigentlich fast wieder genauso wie vor Punk. Nur er ist nicht
mehr so renitent, wie es der Hippie immerhin noch war. Man
nennt ihn den Yuppie.

## Malen mit der E-Gitarre

Erstaunlich, daß in der Kunst alles verkehrt herum lief. So verkehrt herum, wie die Bilder von Baselitz, die seit den mittleren
6oern den Bildinhalt auf dem Kopf zeigen und damit in einer
unbeholfenen Geste wiederholen, auf bezeichnende, möglicherweise klug unbeholfene Art zitieren, was noch Sinn machte, als Marx es mit Hegel tat.
Während in der Musik als der dominierenden Kraft der Subkultur der 6oer und 7oer der Weg des *Weiter* in die Gefühle,
in das Natürliche, in die Physis, in die Psyche und auch nach
Indien, Japan und Afrika führte, war es in der Kunst die totale
Intellektualisierung, die bis zur Mitte der 7oer schließlich das
totale Verschwinden der bildenden Kunst bewirkt zu haben
schien. Konzept-Art war ein Weg des *Weiter*, der das Ende
und das Elend der *Weiter*-Bewegungen nicht nur erkannte,
sondern buchstäblich vollzog.
Als dann in der Musik Punk kam und die alten Natürlichkeits-
Ideologien in den paroxystischen Schreien der 77er Revolte
und der kurz darauf aufkommenden ungewöhnlich hellen –
für Subkulturverhältnisse hellen – Bewußtheit über Marktme-
chanismen und Distributionsvorgänge untergingen, geschah

in der Kunst das Gegenteil. Bildende Kunst wurde wieder sinnlich. Maler malten wieder, und die, die immer schon gemalt hatten, waren auf einmal Spitzenverdiener. Plötzlich fand man bei bildenden Künstlern die Begriffe, die man aus dem argumentativen Instrumentarium noch der dümmsten Rock 'n' Roller kannte: Kunst sollte aus dem Bauch kommen, physisch erlebbar sein. Maler warfen sich auf die Leinwand, uralte Performance-Ideen wurden als Rock 'n' Roll neu erlebt, und nur wenige kluge Köpfe wie Oehlen, Albert und Markus, Kippenberger, Büttner, Bömmels, Dahn und der ältere Immendorff waren sich der Dialektik dieses Umbruchs bewußt und unterließen den Fehler, die Malerei als Malerei, das Physische als Physisches zu verabsolutieren und die letzten zwanzig Jahre Kunstgeschichte als etwas zu betrachten, was sie nicht gewesen war.

Beide Prozesse, Punk wie neue Malerei, wurden von den Medien nach dem üblichen, zögerlich abwartenden Beginn, obwohl ihre Stoßrichtung entgegengesetzt war – hier fortschrittliche Affirmation des Künstlichen, Arbeit mit geschichtlich geronnenem Material im Bewußtsein seines Geronnenseins, dort Rückzug zu einem reaktionären Mythos von Einheit, Einheit von Körper, Werk und Absicht, von Spontaneität und Natürlichkeit –, gleichermaßen begrüßt, als längst fällige Ablösung einer längst überfälligen, entarteten Form. Konzept-Kunst galt plötzlich in gleichem Maße als entartet wie lange Soli, Jazz-Einflüsse, Betonung von Improvisation in der Rock-Musik.

# Bowie und Lüpertz

Die neuen Rock 'n' Roll-Künstler beließen es nicht dabei, einen altbekannten Kunstmarkt mit einem neuen Bewußtsein zu versorgen. Ohne Übertreibung kann man sagen, daß sie ihn gründlich aufmischten. Was passierte, war nicht nur, daß plötzlich Künstler sich wie Rock-Musiker benahmen, auch Kunstsammler und Kuratoren behandelten sie wie ein Rock-Publikum seine Stars behandelt. Zu lange hatten sie mitansehen müssen, wie eine andere Kunstform so gänzlich Aufmerksamkeit und Autorität gepachtet hatte, während der Kunstmarkt immer mehr aufgrund seines intellektuellen Niveaus in das Abseits gedrängt wurde, in das Bohemia seit dem Aufbruch nach Innen all seine Intellektuellen hin verbannt hatte.

Mit dem Aufkommen der Rock-Kunst explodierte nicht nur das öffentliche Interesse an Kunst, was hätte das schon bedeutet? Gibt es faderes, unglamouröseres als das öffentliche Interesse in Deutschland an Kultur, wie es sich in den stinkigsten Medien, die man sich denken kann, also »Aspekte« und »Die Zeit« äußert? Nein, was wirklich, wirklich zählte, war der Umstand, daß Kunst plötzlich wieder nach langen Jahren ein akzeptabel-glamouröser Lebensentwurf für Teenies wurde. Daß Teenies Künstler bewundern, daß hübsch angezogene, hübsch anzusehende junge Mädchen zu Eröffnungen kommen, daß Künstler den Lebemann raushängen lassen, barock und sinnlich gurren und grunzen und sich die Nächte um die Ohren hauen, sich mit großem Ernst stylen wie kaum ein Pop-Star. Ein Markus Lüpertz tut mehr für sein Styling als David Bowie und Boy George in ihren exaltiertesten Perioden. Und er hat oft die originelleren Einfälle. Kann man ja auch erwarten, schließlich ist der Mann ein Künstler und muß als solcher Einfälle haben.

Heute sind Leute wie Lüpertz und Baselitz, also die Erfolg-

reichsten unter den neuen Malern, die, die es schon seit zwanzig Jahren treiben und von ihrer Malerfürst-Position das Phänomen der Rock'n'Roll-Künstler belächeln und angreifen, Helden langer Lifestyle-Geschichten in so dubiosen Blättern wie Vogue, Art und Lui und tragen damit ihren Anteil, daß auch auf der Ebene des miefigen Mittleres-Management-Glamours Kunst ihren Platz hat. So ist das mit der Kunst gekommen. Wir werden noch davon zu hören bekommen. Die neue jesuitische oder eremitische Generation wird sicher diese Barockfürsten als erste meucheln, und ihr Standpunkt, den sie jetzt noch nicht einmal ausformuliert haben, aber der sich in stumpfen Kreuzberger Künstlerkollektiven wie der Gruppe »Endart« abzeichnet, wird noch schwächer sein als das Schwächste, was diese Media-Stars von Künstlern zu bieten haben.

# Schmutzige Arbeiten

Punk wie neue Malerei war das Ergebnis des schmerzhaften Gewahrwerdens der Second-Order-Rolle, die unsere Generation notgedrungen allenfalls spielen könnte. Aus dem schmerzhaften Gewahrwerden, das uns zu Roxy Music-Fans machte, wurde später Selbstbewußtsein und Erfolg. Wie jede vorangegangene Generation meldeten auch wir uns seit 77 zu Wort, also mit 20. Aber am Anfang steht diese Band, die am deutlichsten von allen uns damals endgültig von dem Joch befreite, weiterhin *weiter* zu müssen. Wir hatten allen vorangegangenen Generationen nun etwas voraus. Wir verzichteten auf all die Lockungen des *Weiter* und gingen zurück. Nicht im Sinne der Nostalgie nach einem Ursprung, wie es ihn, wie gesagt, immer in Bohemias Bewegungen gegeben hat, sondern im Sinne eines Rückgriffs auf geschriebene Zivilisationsgeschichte. Zunächst primitiv, durch den Rückgriff auf geile, glamouröse Epochen, die offensichtlich der unseren ähnlich waren, durch historische Identifikationen oder Sehnsüchte, die strukturell denen eines Karl May ähnlich waren, bis hin zu einem formalisierten Spiel mit Stil-Zitaten, die ihren Wert und ihre Kraft daher bezogen, daß sie eben offen und offensiv nicht mehr an die Idee der Originalität glaubten, nicht mehr der Innovation oder dem immer noch nicht gebrochenen, in Wirklichkeit längst totgetrampelten Tabu hinterherrannten.

Die Befreiung, die wir so von 1974 an Stück für Stück erlebten, nahm bald ungeheure Ausmaße an. Zunächst konnten wir uns Dinge erlauben, die unter dem kategorischen Imperativ der *Mehr!, Weiter!, Tiefer!* und den Attributen natürlich, spontan und unkommerziell verpönt waren. Schüchtern und zaghaft griffen wir erst auf alten Jazz, der zumindest zu seiner Zeit ja alle Voraussetzungen erbracht hätte, zurück, dann auf Soul – obwohl doch jede Musik mit Streichern als des Teufels eigene galt –, schließlich auf alberne Trivialitäten aller Art. Es war plötzlich ein Arbeiten mit Bedeutungen möglich, die vorher nur von ihren Auftraggebern und Autoren her gesehen und verstanden wurden, ohne einzukalkulieren, daß ihre Kombinatorik in unseren Kunstwerken, aber auch unseren Lebensstilen völlig neue Möglichkeiten des stilistisch-intellektuellen Patchworks bot. Wir lernten Abba lieben.

So war auch das Malen von den ersten klugen Köpfen, die damit wieder anfingen, als etwas betrachtet worden, was seinen Wert daher bezog, daß es möglichst unoriginell und verbraucht war, eine schmutzige Arbeit, mit der man über die Provokation hinausgehend ausarbeiten könnte, was es nun auf sich hat mit dieser unserer Generation, die ja wohl offensichtlich dazu verdammt schien, anderer Leute Formen übernehmen zu müssen. Daß aus alldem irgendwann Punk, New Wave, neue Malerei und die entsprechenden Folgen hervorgingen, wird im allgemeinen verschwiegen. Im Gegenteil: man versuchte all diese Dinge zu eigenständigen, neuartigen Ausdrucksformen neuer Verhältnisse hochzustilisieren, man versuchte eine neue Idee von *Weiter*, eine Transavantgarde oder die berühmte Postmoderne zu erfinden, um die Illusion aufrechtzuerhalten, daß die Geschichte der Künste nach wie vor einer Kette von Talenten, einer eindimensionalen Geraden in der Landschaft ähnelt, weil diese Idee eben die einzige ist, die das hiesige individualistische Künstler- und Weltbild verknusen kann.

Dabei ist das nicht völlig falsch. Tatsächlich begriff sich eine ganze Generation, übrigens die, die im Moment im Begriff ist, abgelöst zu werden, als neue, und sie hatte Feinde, wie jede Generation, die sie mit ihrer spezifischen Waffe, in diesem Fall der Historizität der Elemente, aus denen ihre Kunst zusammengesetzt ist, bekämpfen wollte.

Nur schmälerten sie die Erfolge, die Einzigartigkeit unserer

Generation, indem sie, alter Trick!, durch neue Begriffe oder durch einfaches Ignorieren aller unserer Absichten unseren Beitrag mit offenen Armen aufnahm. Killed by love. Jedenfalls im Kunstbetrieb. Die Begriffsverwirrung, die dabei in dem traditionell Diskurs-unfreundlichen Kunstmarkt entstand, machte es einer Reihe mittelmäßiger Rock'n'Roll-Künstler aus dem zweiten Glied möglich, heute als die Repräsentanten einer neuen irrationalen, individualistischen Malerei aus dem Bauch weltweit gefeiert zu werden und Graffiti an die Wand zu pissen.

In der Musik war es auch hier wieder umgekehrt. Die neue Welle, die sich einem tiefempfundenen Initialerlebnis nicht mehr verbunden fühlte, sondern aus Leuten bestand, die wie wir in der ersten Hälfte der 70er notgedrungen die gesamte Geschichte Bohemias in kleinen, kurzen Phasen rekapitulieren mußten, gefährdete die Stabilität von Karrieren. Tatsächlich wechselten die Trends und die Felder der Rückgriffe in den ersten Jahren nach Punk fast monatlich. Ständig wurde die Musikindustrie aufs neue verunsichert, und bis 1982, dem Höhepunkt und dem Ende dieser Periode, kulminierend in ABC, Soft Cell, Haircut 100, dem frühen Culture Club und anderen, tanzte kaum ein Erfolgskünstler länger als einen Sommer.

Das bedeutete wie gesagt für die Plattenindustrie: immer wieder neue Gelder zur Produkteinführung. Die tiefen, bedeutungsschwangeren, »eigentlichen« Künstler der 70er waren Dauerbrenner, die sich nicht veränderten. Nun mußte man sich auf Zustände dauerhaft einrichten, die immer mehr Investitionen bei immer geringerem dauerhaften Erfolg bedeuteten.

Die sozialdemokratischen Handlanger der Plattenindustrie in Form von Jugendpredigern und Feuilleton-Arschlöchern beklagten dann auch immer mehr den Verlust von Substanz zugunsten von Mode und begriffen nicht, oder durften nicht begreifen, daß Substanz in ganz hohem Maße ein Essential von *denen ihr Spiel* war. Und das spielte die Pop-Musik zumindest ein paar Sommer nicht mit.


# Frank

Mein Freund Frank ist Jahrgang 57. Er wurde in einer nord-rheinwestfälischen Großstadt zum Kunstschüler und verehrte wie viele der besseren Künstler der Jahrgänge 50–60 Sigmar Polke. Er hatte schon in den mittleren 70ern die eine oder andere, mehr oder weniger bedeutende Ausstellung. Doch das tut nichts zur Sache. Auch als Musiker hatte er immer an irgend etwas Band-artigem aktiv teilgenommen. Er ist nicht unbedingt ein Intellektueller, aber in den frühen 70ern wurden seine Haare immer länger, die Joints immer mehr. Und auch für ihn war es ein Einschnitt, eine Befreiung, daß er 1974 in die Discotheken gehen konnte und daß er nicht nur nicht mehr befürchten mußte, für blöd gehalten zu werden, sondern darüber hinaus hip war und mit dem Ton des Wissenden sagen konnte, wie sehr er die dort üblichen, als Phillysound bekannten, Vorläufer der späteren Disco-Musik genoß.

Logischerweise betrieb er in beiden Bereichen, Kunst und Musik, Streifzüge. 1977 gründete er eine der ersten deutschsprachigen Punkbands. Er kellnerte, legte Platten auf und wurde so nach und nach als Künstler immer erfolgreicher. Der Punkt war nur der, daß die Leute den Zusammenhang nicht verstanden: als Streifzüge unternehmender Künstler war er für die Rock'n'Roll-Kunst der 80er viel zu konzeptuell, als Streifzüge unternehmender Musiker war er für die Epoche 77–84 goldrichtig. Trotzdem verdient er als Künstler mehr Geld, weil man als Künstler mehr Geld verdient als als deutschsprachiger

Musiker, der sich jedes Jahr einen anderen Stil vornimmt. Die Schallplattenindustrie ist durch uns destabilisiert worden, die Kunstindustrie stabilisiert. Nicht nur weil die Rückkehr des Objektes Bild den ganzen Handel erleichtert. Obwohl Frank also in der Kunst renitent, auch gegen die routinierte Renitenz seiner Epoche, so es eine solche geben sollte, vorgeht, profitiert er kommerziell einfach von der Tatsache, daß seine Kunst noch aus Objekten besteht, und obwohl seine Renitenz in der Musik mit der von und für seine Generation gefundenen Form von Renitenz übereinstimmt, bleibt er angesichts der relativ zusammengebrochenen Distribution auf diesem Sektor relativ erfolglos.

# Bernd

Bernd ist der Junge mit dem Damenhandtäschchen. Später war er der erste Punk. So um 73, 74. Er hockte sich mit ein paar Freunden hinter die Büsche im Alsterpark und wenn sich auf einer Bank jemand niederließ, kamen sie mit aufgeklappten Messern hervorgesprungen und kreischten die Rentner an. Nur so. Aus Spaß. Sie töteten auch kleine Insekten, sezierten Frösche und legten sich Federboas um ihre blassen, kultiviert blassen Hälse, weil sie Eno geil fanden. Eno war damals noch kein langweiliger, introvertierter, verspäteter Konzept-Künstler, sondern der schräge Vogel von Roxy Music. Schräge und Schrill waren damals noch nicht die Lieblingswörter einer dummen, relativistischen, beliebigen Jugend, wie heute, sondern noch relativ ungewohnt, wenn auch sub specie aeternitatis genauso dumm. Aber was macht es, dumm zu sein, solange man jung ist.

Sein Geschick, sich zu stylen, machte Bernd später zum Vorreiter der neuen aus hanseatischem Konservatismus und ausgefeiltem Dandytum zusammengesetzten Mode, die Jahre, nach dem er sie erfand, in den 8oer Jahren zum urbanen Modeideal geworden ist.

Er war nie Musiker, und er war nie Künstler. Er überwinterte, wie er das nannte, so manche Bewegung, weil er sie schon so jung experimentell erprobt hatte und nun mit ansehen mußte, wie sie in verwässerter Form von irgendwelchen Zeitgeisten nachgeäfft wurde. Irgendwann begann er zu malen, und zwar noch ein wenig konservativer, als er sich gekleidet hatte. Er malte ohne Großkünstler-strategische, Intellektuellenkünstler-barocke, Malerfürst- oder niedlicher-neuer-Surrealist-Attitüde. Er malte, sehr genau, das, was er am liebsten im Kino sehen würde, aber er malte nur Dinge, die man nie vorher gesehen hatte.

Sein Saxophon, seine Roxy-Platten, seine Dandy-Kostüme hat

er längst verpfändet, aber er malt immer noch, ohne Kontakt zu Welt und Kunsthandel, an seinen Kinobildern, die so bizarr und ungewöhnlich sind, daß keine Kamera der Welt sie je würde filmen können.

Er hat nämlich eines herausgefunden. Um weitermachen zu können, genügt es für unsere Generation nicht, in all unseren Werken und Überlegungen Second Order zu sein, uns über das Zitat und bewußte Unoriginalität zu definieren: Auch unser Leben muß Second Order sein. Wir dürfen nicht einfach nur schicke Ideen haben, die wir für subversiv halten, wie jene neuen Maler, die nicht dumm genug waren, Rock'n'Roll-Künstler zu werden: Wir müssen die ganz alten Bohemia-Lebensentwürfe nachleben. Deswegen lebt er schon seit Jahren von der Substanz. In seiner Dachkammer. Und was kann Lüpertz mit seinem Malerfürstengehabe ihm anhaben, ihm, der souverän erfolglos ist.

Bis zur nächsten Saison. Denn er ist dann absolut das neue Ding.


# Erfolg

Ansonsten ist nämlich Erfolglosigkeit out, weil sie den Hippies gehört. Tatsächlich war ja das Hauptproblem der Hippies ihr fundamentales Scheitern, das Sichabfinden mit der Niederlage. Erst wird der Kampf um *Mehr* und *Weiter* auf politische Nebenkriegsschauplätze verlegt, wo man dann auch noch Beifall von Frankfurter Ratsherren bekommt, dann nach Innen, ins Grüne und Metaphysische. Die Nichtteilnahme an den Dingen, die das Leben in der Städtezivilisation ausmachen, wird als moralische Integrität angesehen. In der Isolation von der wirklichen Welt gehen die Hippies als relevante Kategorie unter, obwohl sie zahlenmäßig durch den

irren Nachwuchs, den sie noch heute aus der jungen Generation erhalten und der schließlich die Stärke der Friedensbewegung ausmacht – einer Bewegung, die ja bekanntlich nichts
wollte, außer den Status quo zu erhalten –, immer noch sehr
stark sein dürften.

Aber selbst die Rock'n'Roll-Künstler, die zweite und dritte
Generation Waver und die aus allen Löchern kriechenden
neuen Metaphysiker der mittleren 80er – sie alle haben sich
plötzlich wieder daran erinnert, daß sie schon immer Zen
für die beste Religion gehalten haben – wollen sich nicht
mit der anständigen Erfolglosigkeit der Hippies identifizie-
ren. Obwohl sie vom Bewußtsein allesamt pure Hippies sind,
ist auch für sie der Begriff »Hippie« ein dirty word. Und das
einzige, was sie von der Diskussion darüber, was am Hippie
bekämpfenswert wäre, die so zwischen 77 und 82 geführt
wurde, behalten haben, ist sein Scheitern. Dann übersetzen

sie noch mal kurz, daß mit Scheitern gleich Erfolglosigkeit im Kunst- oder Musikbetrieb gemeint gewesen sein muß, nicht wie in Wirklichkeit politisches und kulturpolitisches Scheitern, und zwar nicht durch Erfolglosigkeit, denn die Hippies waren ja wirksam und viele ihrer Vertreter hatten mehr Erfolg als irgendeiner von uns, und ihre Ideologeme sind in die Verlautbarungen der Bundesregierung eingegangen und der Bundeskanzler ist ein typischer hippiehafter Alles-nicht-so-verbissen-Seher. Jedenfalls ist Erfolglosigkeit out, und selbst die Erfolglosen, die sich früher noch mit ihrer Erfolglosigkeit schmückten, behaupten heute irgendwo, und sei es in Ägypten, bekannt zu sein (das hat mir ein erfolgloser Künstler wirklich gesagt). Darum läuft auch wieder eine Sache, die kurzfristig weniger deutlich zu beobachten war: The Boho Dance.

Die guten unter den neuen Malern, ein paar Seiten zurückblättern, da habe ich sie benannt, hatten wie die Post-77-Pop-Musiker eine Menge über Distribution im ökonomischen und kulturellen Bereich nachgedacht. Sie hatten ein Bewußtsein von kulturellen Strategien, und zwar sowohl zu ihrem eigenen ökonomischen Nutzen wie auch zum Nutzen der von ihnen angezettelten Sache. Die Rock'n'Roll-Künstler gehen statt dessen mit der Öffentlichkeit, dem Geld und der Anerkennung um wie ihre musikalischen Vorbilder, die ja meistens zwischen 30 und 40 sterben, in die Klapsmühle müssen oder unter enormen Schuldenbergen zusammenbrechen. Im Vorfeld des Erfolges aber lecken und kriechen sie, was die dazu notwendigen Körperteile hergeben.

Dies – Tom Wolfe hat es beschrieben – resultiert aus den seltsamen Verrenkungen, dem bilderkaufenden Establishment einerseits den Arsch lecken zu müssen, ihm aber andererseits zeigen zu müssen, daß man es als unbürgerlicher Künstler und Bohemia-Bewohner eigentlich recht verachtet. Das Establishment will das ja auch so. Was hätte es von der

Kunst, wenn ihr Ein- und Ankauf nicht das stetige Schlucken und Assimilieren von möglicherweise, sehr entfernt möglicherweise, aber doch immerhin möglicherweise gefährlichen Elementen darstellte. Der Kunstankauf führt doch eins ums andere Mal dem Establishment vor, daß jede noch so verquere Regung assimilierbar ist durch Geld. Wozu aber Kunst kaufen, wenn sich die Künstler gar nicht mehr sträuben? Wo ist das Risiko?

Wenn es keine Verbrechen mehr gäbe, müßten Polizisten welche begehen, um der Polizei ihre Existenzberechtigung zu erhalten. Wenn es keine kokette Künstlerrenitenz mehr gäbe, müßte das Establishment selbst diese Renitenz herstellen, um sie sich anschließend wieder genußvoll einverleiben zu können. Oder ist dieser Zustand längst eingetreten?

Ist das Zeremoniell aus Lecken und Fluchen, Schimpfen und dann doch wieder reumütig zurückkommen und kriechen in Wirklichkeit nur noch eine Simulation des alten Boho-Dance? Sind die Künstler längst Agenten des Establishments, die wissend das tun, was zu tun ist, um den netten kleinen Wirtschaftszweig des Kunstbetriebs zu erhalten, mit allen Thrills, die dazugehören?


# Tim

Tim ist etwas jünger als Bernd und Frank. Er ist, wie fast alle seiner Generation, geboren 61 oder 62, kein Intellektueller, obwohl er sehr intelligent ist. Er kennt keinen Unterschied zwischen First- und Second-Order-Hipness, er hat nie etwas anderes als Roxy Music gekannt. Die Idee des *Weiter* ist ihm fremd, weil ihm, wie seiner ganzen Generation, die Idee des *Anderen* fremd ist, die Idee der Opposition, die Idee einer fundamentalen Veränderung und die dazugehörige gesunde Paranoia, daß alles im Pluralismus Lüge ist. Dies und all die anderen schönen Voraussetzungen, die am Ende denkende Menschen hervorbringen, fehlen ihm, wie so vielen von seiner Generation. Selbst die, die Intellektualismus als nettes romantisches Second-Order-Spiel mit Vorbildern aus den 50ern und 60ern betreiben, sind in fast allen Lebensbereichen von einem entsetzlichen Pragmatismus zerfressen.

Aber diese Generation hat auch ihre Vorteile. Ihnen ist die Unnatürlichkeit aller Aussagen selbstverständlicher, ihnen ist, unter anderem dank ihres Pragmatismus, der taktische Wert einer jeden Tat in jedem Segment des Kulturbetriebs selbstverständlich, und wenn sie dann noch einen Funken Moral besitzen, können sie schon was ganz Anständiges leisten.

Wäre er ein paar Jahre früher geboren, wäre Tim ein Hip-Intellektueller geworden. Seine Vorstadt-Herkunft, seine hohe Intelligenz sind bei gleichzeitig vorhandener Faszination von Hipville und Pop-Kultur die Voraussetzungen für die Rolle des Hip-Intellektuellen, die dank seines guten Aussehens irgendwann wohl in die Rolle des Hipsters übergehen könnte.

Doch heute läuft das anders. Tim ist trotz aller Intelligenz kein Intellektueller. Deshalb hat er den Umweg über das Leben als am Rande geduldeter Hip-Intellektueller nicht mehr nötig. Er wurde gleich, ganz unreflektiert, aber mit den intuitiv richtig gewählten Entscheidungen, Hipster. Er singt in einer Band.

Wer in einer Band singt, will, mehr noch als der gewöhnliche Bewohner Hiplands, die Mädchen beeindrucken. Tim beeindruckt die Mädchen, denn er sieht gut aus, weiß sich auf der Bühne zu bewegen, ist dekorativ blaß, hat eingefallene Wangen, die richtige Frisur und – wie ich höre – den richtigen Arsch. Nur die Mädchen, die sich von Sängern beeindrucken lassen, verstehen ihn nicht, wenn er nach dem Konzert mit ihnen redet. Er hat ein Spitzengymnasium besucht und erfolgreich studiert. Er ist bei allem abwesenden intellektuellen Ehrgeiz ein Mann, der differenziert und mit Genuß spricht. Er ist an den Diskurs angekoppelt. Die Mädchen nicht. So kommt es, daß Tim nie eine Freundin auf Dauer hat.

# Der Oberschüler und die Mittelschülerin

Wir kommen zu einem fundamentalen Problem der neueren Subkultur: Der Oberschüler stellt seit der 77er Revolte, wo Pop endgültig jede Unschuld verlor, das Gros der Pop-Stars. Aber nicht nur das Gros der Pop-Stars, auch das Gros der Hipster, der Pop-Deuter, der Pop-Vermittler, der Oberschüler hat, jedenfalls in Europa, Pop als Betätigungsfeld übernommen.

Das Mädchen, das sich von Pop beeindrucken läßt, nicht von seinen großen literarischen Figuren, sondern vom Pop-Alltag, der nun mal 90 % der Geschehnisse in Hipland stellt, ist eine Mittelschülerin, sie versteht die Jungs nicht, wenn sie anfangen zu reden, und die Jungs wissen nicht, was sie reden sollen, wenn sie das Mädchen beeindrucken wollen. Sie müßten schnell auf die Bühne zurückflüchten.

Die Mittelschülerin ist zwar nicht ohne Konkurrentin, aber unter anderem wegen ihres instinktiv richtigen Zugangs zur Pop-Kultur, ihrer unabgelenkten Geschwindigkeit beim Begreifen der Details, die Pop ausmachen, zumindest für eine bestimmte Zeit das interessanteste Mädchen am Platz. Und der Oberschüler ist ihr als Typus ja schon auf halbem Wege entgegengekommen. Er ist pragmatischer geworden, und er hat sich vom intellektuellen Diskurs entfernt. Geblieben ist eine Sinnsuche, die man jungen Bürgerkindern nie austreiben können wird und die, nun nicht mehr von Politik und

Diskurs getrübt, schmerzhaft metaphysisch sich gestaltet. Da müssen sich die armen Mädchen zuweilen einen Schrott anhören.

Mein Deutschlehrer pflegte uns, die wir ihn manchmal mit unseren Sinnsuchen nervten, zwei Lebensregeln mit auf den Weg zu geben: 1. Immer vier Bücher neben dem Bett liegen haben und durcheinanderlesen, nie nur eines; 2. sich eine Freundin aus der Mittelschule holen, das kühlt den Kopf.

Der Mann hatte nicht nur recht, es scheint, als hätte eine Generation seinen Rat beherzigt und das Angesicht von Popland und Bohemia verändert. Denn schließlich sind neuerdings auch die Künstler Pop-Stars, und da wildern die Mittelschülerinnen auch schon mal auf Ausstellungseröffnungen und sind zum anschließenden Diner geladen.

Doch gleichzeitig entsteht aus dieser Situation eine bestimmte Kraft, die den kraftlosen jungen Oberschüler für Pop erzieht. Er wird nicht in die Fallen endloser Selbstauslotung laufen, er wird sich nicht in kosmologischen Improvisationen verlieren, deren Töne sich am Ende in den Schwanz beißen. Er weiß statt dessen viel mehr als seine Vorgänger von der Wichtigkeit der kleinen Dinge. Von Details der Tolle, von Bühnenbewegungen. Er wird durch die Mittelschülerin zur diskursiven Pop-Musik erzogen. Die eben nicht mehr von Urviechern oder Heiligen gemachte Pop-Musik der 8oer Jahre, die so extrem referentiell ist, daß sie analog zur gesprochenen Sprache funktioniert, verlangt ein Wissen, das Männern und Jungs nicht zur Verfügung steht, jedenfalls nicht den sogenannten normalen Männern. Daher dominieren seit einiger Zeit ja auch die Schwulen in der Pop-Musik. Der Kontakt zur Mittelschülerfreundin, die mit Starschnitten und der Diskussion, welcher Pop-Star wie gut aussieht, nicht wie gut er Gitarre spielen kann, aufgewachsen ist, sensibilisiert den Oberschüler für diese Aspekte und ist dadurch dafür verantwortlich, daß Tim nicht nur mit seinen Freunden alte Platten hört, durch die Pop-Geschichte wildert und sich Stilpatchworks zusammenstellt, sondern genauso sensibel die Outfits und die Bewegungen seiner Fundstücke studiert.


## Die revolutionäre Klasse

Linton Kwesi Johnson fragt: »What about di Working Class?« Eine gute Frage. Das Proletariat kommt in der Pop-Kultur nicht (mehr) vor. Dies muß man sich bitte vorstellen, es ist vollkommen ausgeschlossen. Das Pop-konsumierende Proletariat konsumiert, ohne daß seine geschmacklichen Präferenzen, seine Kulte, seine Moden irgendwo einen Widerhall finden, sie werden von der offiziellen (Pop-)Geschichtsschreibung nicht zur Kenntnis genommen. Was sich in Bravo oder Pop/Rocky an Stars aneinanderreiht, ist ein unverbindliches Sammelsurium aus allen Bereichen, lediglich eine bestimmte

Mindestpopularität ist für die Beachtung entscheidend. Was den Kino-, Mode-, Buchgeschmack des Proletariats betrifft, so gilt von »Cinema« bis »Neue Revue« genau das gleiche: Die Stars, die Kulte, die Bedeutungsträger werden aneinandergereiht, ohne daß das System, das es gibt und das dies alles regelt und gliedert, aufgeschrieben oder überhaupt nur gesehen würde. Ja, ich glaube nicht einmal, daß sinistre rechte kulturpolitische Machenschaften am Werk sind. Ich glaube, daß es jedem biederen Linken ebenso schwerfallen würde, die proletarische Liebe zu Heavy Metal zu sehen, wahrhaben zu wollen und auch noch verständnisvoll beschreiben zu können. Wer hat die Mode mit den Universitäts-Sweatshirts je festgehalten und studiert. Dies war eine ausschließlich proletarische Mode, je gefährdeter der Hauptschulabschluß, desto Princeton und Harvard das Sweatshirt. Wer hat sich je Gedanken über diesen neuen schlapprigen Karatemodenstil gemacht? Wer damals über Bud Spencer und heute über Rambo?

Dabei ist die proletarische Pop-Kultur lebendig und facettenreich, wie die der Mittelschicht. Allein die Welt des Heavy Metal oder des modernen Horrorfilms – hierzulande nur begriffen als Mittel, Massenmorde anzuheizen, und auf dem Index befindlich – sind bizarre Zauberreiche voller kleiner und kleinster Bezüge, voller komplizierter Referenzen. Der intellektuelle Perry-Rhodan-Kritiker interpretiert, meist stark psychologisch gefärbt, die Inhalte dieser ungebrochen populären Primitiv-SciFi-Serie. Er vergißt, daß sich bei Perry Rhodan wie auch beim Marvel-Comic jedes Einzelexemplar in eine unendliche Reihe einordnet mit den ausgetüfteltsten Querverbindungen, die für das Lesen viel wichtiger sind als die rechtsreaktionären Inhalte. Einmal mehr hatte Saussure recht: Die Bedeutung von Perry Rhodan und vieler anderer proletarischer Kulte erschließt sich nicht durch die Beziehung Perry Rhodans zur Wirklichkeit, sondern über das Verhältnis eines Perry-Rhodan-Heftes zu allen anderen Perry-Rhodan-Heften. Andererseits beziehen diese Kulte ihre Kraft und ihre Faszination unter anderem aus der Tatsache, daß sie noch nicht von Intellektuellen vermessen, ausgelotet und – was am schlimmsten wäre – augenzwinkernd goutiert werden. Das augenzwinkernde Goutieren der von Erika Fuchs übersetzten und von Carl Barks gezeichneten Donald-Duck-Geschichten erschwert es einem sehr, diese schönsten Sätze, die seit dem Zweiten Weltkrieg in deutscher Sprache geschrieben worden sind, weiterhin öffentlich zu vertreten, ohne sich zu verheddern in dieses eklige, moderne Wohlwollen der vermeintlichen Trivialität gegenüber. Das sich speist aus der Vorstellung, daß man sich ja *auch mal damit* beschäftigen könne und darüber lachen, kumpelhaft feststellend, fraternisierend einem aufzwingend, daß wir ja alle Menschen sind. Diese Leute haben nie etwas ernst genommen und sich nie von irgend etwas bewegen lassen und daher auch nicht verstanden, daß Donald Duck Botho Strauß wirklich weit überlegen ist.

## Die Oberschülerin

Was macht die Oberschülerin, wenn sich der Oberschüler mit der Mittelschülerin herumtreibt? Keine Sorge, sie kommt schon nicht zu kurz. In Bohemia herrscht chronischer Mädchenmangel. Es fällt genug für sie ab, aber ihre kulturelle Orientierung ist anders und nicht minder interessant. Man kann in der Pop-Musik zwischen zwei Strömungen unterscheiden. Der, die langlebige Künstler hervorbringt, die zwar auf einem kommerziell niedrigeren Niveau arbeiten, deren Karriere dafür aber in der Regel so lange dauert wie die eines bildenden Künstlers. Also mindestens eine Dekade. Und der kurzlebigen, überfrachteten, aktualistischen, die Hits und Genies des Augenblicks hervorbringt, die man später zu Recht vergißt und dann irgendwann wieder fürs Zitieren und Historisieren brauchen wird.

Die erstgenannte ist die Nachfolgerin der modernen Literatur, nicht der klassischen Musik, auch nicht des Jazz. Wie alle Pop-Musik ist sie referentiell, sprachlich und extrovertiert (der Fall des Introvertierten ist da keine Ausnahme. Er stellt seine Introvertiertheit zur Schau, was der echte Introvertierte in der E-Musik oder der bildenden Kunst nicht tut.) Nur daß das System, auf das sich der Künstler bezieht, nicht nur das der Pop-Geschichte ist, sondern das der gesamten Bohemia-Geschichte, was ihm den größeren Überblick, die Langlebigkeit und die niedrigeren Verkaufszahlen einträgt. Er ist der Star der Oberschülerin und einiger älterer Oberschüler: Sinnstifter, Vater, Freund, Geliebter und Identifikationsfigur und alles auf hohem Niveau. Und im Gegensatz zur Literatur umweht wenigstens vom transitorisch Flüchtigen und Unseriösen, das Pop-Musik so geil macht oder einst machte. Diese Leute heißen John Cale, Lou Reed, Kevin Ayers, Captain Beefheart, Tim Buckley, Iggy Pop, Tom Waits, Van Morrison, The Stranglers, Scott Walker, Alex Chilton oder Roger McGuinn.

Oft geschieht in diesem Genre natürlich doch die reine ungebrochene bürgerliche Kulturscheiße. Aber die Größten dieses Popzweigs zeichnen sich dadurch aus, daß sie Grenzgänger sind, zwischen ganz aktuellem, hirnlosen Pop und Literatur, daß sie Geschichten vorleben, die das verzweifelte Zickzacklaufen ganz Bohemias widerspiegeln, das manisch-depressive Irresein, die Rückfälle in bürgerliches Autorengebaren, in selbstverklärten Individualismus paart mit Selbstironie und großer, schöner, schmalziger Verzweiflung.

# Frauen

Schläft die Oberschülerin mit dem literarischen Pop-Star?
Schläft der Oberschüler mit der Mittelschülerin? Schlafen
Oberschüler und Oberschülerin? Künstler und Galeristin?
Die Frauenbewegung war in Bohemia wegen des erwähnten
Mädchenmangels ein leerer Hohn. Sie wurde zwar durchexer-
ziert, einige ihrer Begriffe und Werte kamen durch bis hin in
die Schlafzimmer, so es solche in Bohemia gibt, und bis auf die
Fußböden der Ateliers, aber alles, was die Frauenbewegung
bewirkte, war nur eine nachträgliche Legitimation des Status
quo: In Bohemia regieren die Frauen.
Die Frauenbewegung hat allenfalls ein gerechtes Ziel in Bo-
hemia erreicht, oder teilweise erreicht, denn seine komplette
Durchsetzung hätte schließlich auch gesamtgesellschaftliche
Folgen: daß Frauen ihre durch Mädchenmangel in Bohemia

erreichte emotionale und psychologische Überlegenheit umsetzen konnten in ein wenig weltliche Macht: an Filmakademien, Kunstschulen, Sub-Zeitschriften, schließlich sogar in Bands und an der Sinnstiftungsfront. Es bleibt ja der schon so oft konstatierte Fakt, daß Frauen keinen Zugang zum Diskurs haben. Nun können sie noch so mächtig im Hintergrund wirken, solange dieser Zugang nicht geregelt ist – und wenn wir Lacan glauben wollen, hat das ja schwer aus der Welt zu schaffende Ursachen –, läßt sich ihre Macht nicht in nachprüfbare, geschichtsträchtige und damit wirkliche Fakten umsetzen. Diese Macht im Hintergrund bleibt ein Gerücht, das allenfalls zum Gegenstand männlicher Stoßseufzer werden kann.

Der von den mächtigen Subkulturfrauen vorgenommene Anschluß an die bildende Kunst und die großen Literaten der Pop-Musik hat ihnen ein wenig geholfen, einen eigenen Diskurs, der zumindest bei guten Frauen einer Second-Order-Frauenkunst nahekommt, zu etablieren: ein Weitermachen bei und durch alle weiblichen Metaphysiken hindurch, die die Frauenbewegung in erster Instanz für den Müllhaufen der Geschichte liegengelassen hat. Ein Sich-weiter-Abkämpfen mit Frauenzielen im Bewußtsein der Wiederholung und des Abkämpfens. So wie sich die guten neuen Maler vorgenommen haben, sich weiter mit Dreck, mit altem Dreck abzuquälen, um diese einzigartige Position unserer Generation abzuarbeiten. Einer Generation, die dadurch definiert ist, daß sie bis zum Hals in altem Dreck steht. Wir sind wenigstens stolz darauf, davor nicht wegzulaufen.

Die Antwort ist also: Tendenziell hat es die Oberschülerin nicht mehr nötig, mit dem literarischen Pop-Star zu schlafen. Die Mittelschülerin dagegen muß mit dem Oberschüler früher oder später ins Bett gehen, denn sonst würde er sich von ihr nichts mehr sagen lassen.

# Her mit den kleinen Engländerinnen!

Aber es geht auch sonst so dieser und jener mit dieser und jener ins Bett. Dazu Folgendes: In der Hippie-Zeit der 60er wurden alle möglichen Versuche unternommen, Besitzverhältnisse in Paaren abzuschaffen. Was natürlich nicht geht, denn Paare sind das, was die herrschende Klasse sagt, daß sie es sind, nicht das, was sie sein wollen. In den 70ern, in der Zeit also, als unsere Generation sich retrospektiv durch die Geschichte hangelte, wurde schon wieder versucht, das wieder rückgängig zu machen. Es gab wieder sehr rigide Moralvorstellungen, die um so rigider ausfielen, als sie nicht die der traditionellen, möglicherweise anerzogenen Moral waren, sondern die einer künstlichen, die in jedem Paar aufs neue definiert werden mußte und natürlich nur dazu da war, den aktuellen Machtverhältnissen einen Überbau aufzupfropfen. Der Betrügende sprach von Freiheit, der Betrogene von Vertrauensbruch. Und das natürlich alles wesentlich komplizierter. Aber Regeln, wer wann mit wem ins Bett gehen durfte, die für den ganzen Kulturkreis virulent gewesen wären, gab es nicht.

Als Pop dann strategisch wurde und sich promiskuid überall bediente, um neue bewußte Konglomerate aus Stilen und Bezügen herzustellen, galt das auch wieder für die Sexualität. Promiskuität als Stilvielfalt. Her mit den kleinen Engländerinnen!

Beziehungen waren im Zeitalter des Punk, New Wave und des Zitate-Pop out, Stilgemisch, buntes Würfeln der Ereignisse, Mini-Geschichten, immer schnell, aktuell, gewissenlos: Das war die Maxime. Beziehungen sind zäh und dauerhaft: first order.

Zitat-Pop hat überall viel Unheil angerichtet, Historizität-als-Waffe auch, aber besonders in diesem Bereich. Am Ende bestand Bohemia nur noch aus französelnden, hochaufgeschossenen Arschlöchern und gurrenden Miezen, die die ganze alte weinselige Bohemia-Promiskuität des vorigen Jahrhunderts, wie wir sie etwa bei Strindberg studieren konnten, nicht einmal zitieren, sondern ahnungslos und mit allen zerstörerischen Implikationen *nachleben*. Dumpf. Seitdem hat sich zum Glück einiges getan.

Aber genausowenig, wie man den Entartungen der Zitat-Pop-Kultur mit noch älteren Werten begegnen kann, genausowenig kann man der zeitweilig grassierenden Promiskuität mit der Moral der Gesundheitsämter beikommen.

# Jazz-Rock-Sex

Auch Sexualität war ja Gegenstand von *Weiter*. Eine Stellung, nein hundert Stellungen und mehr aus dem Kama Sutra. Ein Partner? Nein, hundert aus ganz Kalifornien (heute, und das ist ja wirklich eine neue Qualität, macht die Bildzeitung ja Vielfickerwettbewerbe. Nach der Miß Berlin traten alle möglichen Frauen auf, die noch mehr als 800 Männer in ihren Tagebüchern verzeichnet und bewertet hatten). Orgasmus? Nein, es gibt unter LSD Möglichkeiten, das Gefühl des Orgasmus in jeder einzelnen Zelle zu spüren! Befriedigung für zwei Personen? Nein, Aufgehen in einem kosmischen Vereinigungsgefühl, bei dem das ganze Weltall mitjauchzt und bei dem Energien entstehen, die es möglich machen, einen ganzen neumodischen Appartmentblock zu heizen.

So war eine Zeitlang die offizielle Ideologie in Bohemia, bis Anfang der 70er die Frauen anfingen zu behaupten, dies alles sei eine Idee der Männer, in Wahrheit hätten sie von alldem nichts gehabt. *Weiter* war auch auf diesem Sektor am Ende. Was dann passierte, kennen wir alle aus tausendundeiner »Stern«-Reportage, vom verunsicherten über den leidenden bis zum geprügelten Mann.

In Wahrheit entspricht die Zeit, als es um den »Mythos vom vaginalen Orgasmus« ging, ebenfalls der entsprechenden Epoche in der Musik. Auf die unschuldig expandierenden Hippie-Songs mit immer längeren, unbeholfenen, aber irgendwie glücklichen Soli folgte kalte Technik, Jazz-Rock, meßbar gute Gitarristen, echtes, aufrichtiges Handwerk ohne Charme und Mythos. Das war aber auch die Folge der verständlichen, aber schlecht kalkulierten Forderung der Frauen, nunmehr die Klitoris über die Vagina zu stellen. Ein Haufen exzellenter Techniker wollte es nun wissen, wär' ja gelacht. Verständlicherweise zogen sich die Frauen dann aus der Debatte zurück und machten sie interner.

Das *Weiter* war auf diese Weise von der Bildfläche auch dieses Bereichs verschwunden, im Punksex und Zitatsex konnte man unverkrampft und ohne etwas verloren zu haben neu beginnen. Ob das zu glücklicheren Menschen geführt hat, weiß ich nicht, weil der »Stern«, der mir so etwas sagt, diese Idee noch nicht untersucht hat. Ich glaube, daß die Sexualität in Bohemia zur Zeit der Punkbewegung möglicherweise ihre glücklichsten Momente erreicht hat. Heute, in der postpromiskuitiven, restaurativen Phase, herrscht Ratlosigkeit und der gleiche Relativismus, der auch die Musik so schlecht und unverbindlich macht.

## Nichtsex

Heute, wo Sex in der Musik, jedenfalls auf der inhaltlichen Ebene, so stark thematisiert wird, von den Rolling Stones stumpf und ungebrochen immer noch und von Frankie Goes To Hollywood stumpf und intelligent zusammengeflickt mal wieder, und dazwischen von all den Gender-Benders und Bis und Schwulen, hört man es mal wieder häufiger, daß Leute Sex ganz ablehnen. Nicht davon reden wollen, nichts davon hören

wollen und vor allem nichts damit zu tun haben wollen. Das
hat in der Regel gute Gründe. Sex ist der Bereich Bohemias,
der sich am stärksten von *denen ihrer Welt* aus überblicken
und beschreiben läßt. Der Diskurs über Sex kennt nicht viele
Unterscheidungen und die Unterschiede zwischen *denen* und
uns verschwimmen gerade in diesem Bereich. Wenn einer fest-
stellt, etwas zu tun, was, soweit es beschreibbar ist, auch jeder

Spießer tut, hört er, so er ein anständiger Bewohner Bohemias ist, damit auf.

Würde man dagegen den Diskurs, das Reden, Dichten, Malen über Sex erweitern, würde man in diese von Foucault beschriebene Falle tappen und sich einem Geständniszwang hingeben, der seine Wurzeln in der katholischen Beichte hat und dessen Ergebnisse nur dazu da sind, für die Bekämpfung ausgewertet zu werden. Die Bekämpfung all dessen, was sich in Sexualität noch an Sprengsätzen wider Erwarten finden ließe.

Das Wave-Zölibat hat da ein Ende, wo die ihm zugehörige Kultur untergeht, die aus Protest gegen die Ausrechenbarkeit und Integrierbarkeit des alternativen Schmutzes entstandene, saubere, neo-anständige Wave-Kultur, die aber irgendwann aus den Händen konturierter, sauberer, stolzer Waver, die sich nur den Zuschreibungen der bürgerlichen Medien entziehen wollten und als Ex-Punks erfahren hatten, daß selbst die stärkste Provokation im Pluralismus nur noch einen weiteren verständnisvollen, soziologischen Diskurs hervorruft, übergeht in die Hände ahnungsloser Popper, die außer Motorfahrzeugen nur Jurastudiermöglichkeiten in der Schweiz im Kopf haben und die CDU wählen.

An diesem historischen Punkt wird, ganz verzweifelt und offensiv ahnungslos, Sex wieder zur Forderung. Und wenn wir doch alle im Rock 'n' Roll enden müssen.


# Cool

Gibt es eigentlich etwas, das uns alle zusammenhält? Gibt es noch etwas, das über die vielen, vielen Epochen, Einschnitte und Subströmungen Bohemias hinaus für alle Einwohner dieser Welt Gültigkeit hat?

O ja. Wir sind cool.

Wir wollen uns jetzt nicht mit der musikalischen Geschichte dieses Terminus aufhalten, auch wenn sie oft falsch verstanden worden ist und nicht jedem sattsam bekannt ist. Ich rede vom LSD-Cool, das, obwohl nur ein verschwindend geringer Prozentsatz der heute Bohemia bevölkernden Individuen tatsächlich einmal LSD genommen hat, als Imperativ durch alle Sektionen der Szene ungebrochen geistert.

Wer LSD nimmt, lernt ja zunächst mal dies: Verglichen mit dem, was du hier erlebst, ist alles andere, alles Säkulare, alles Profane unendlich banal. Es ist einfach nicht der Rede wert. Aus dieser Lektion wurden die unterschiedlichsten Folgerungen gezogen, über einige haben wir schon gesprochen. Sprachlosigkeit war eine, die man aber nach Entwöhnung von der Droge nicht lange durchhält und die ein intelligenter Kopf sowieso nie, auch nicht durch fünf DOM-Trips, einzusehen vermag. Hinzu kommen Arroganz, Menschenverachtung, eine ganz besonders deutliche Grenze zwischen *denen* und uns – all das und mehr.

Geblieben ist eine grundsätzlich andere Art und Weise, über den Alltag zu reden und ihn zu empfinden. Ein Bewohner Bohemias macht über den Besuch von Ämtern, die Verkehrsstaus, zu hohe Preise, Verspätungen, Rechnungen und *all den Scheiß* nie mehr als eine distanzierte Bemerkung oder eine skurrile Story. Schon wenn er länger als zwei, drei Minuten über ein Alltagsthema dieser Art redet, entschuldigt er sich – noch heute! – bei seiner Freundin, sie mit »banalem Alltagsscheiß« zu langweilen. Nie aber würde er, wie unsere Eltern, Emotionen und Emphase in Dinge wie Strafzettel oder schon wieder teurere Butter investieren: Nie! Daran soll man ihn erkennen, das ist unser aller verbindendes Element. Lieber eine nietzscheanische, wenn er gebildet ist, oder eine castaneda'sche, wenn er es nicht ist, sehr distanzierte Floskel über das neue Bauprojekt auf der Soundso-Straße als die Emphase, die unsere Eltern oder das Proletariat oder irgendwel-

che anderen Nicht-Einwohner von Bohemia für diese Dinge übrig haben.
Was haben die für Sorgen!

## Die Emphatisierung des Banalen

Dabei ist nun aber umgekehrt die *Emphatisierung* des Banalen unverzichtbares Element der beiden Kulturen, auf die sich Bohemia, auf die eine oder andere Weise, noch immer beruft: die Arbeiterklasse und die schwarze Kultur in den USA.
Jeder Student, der auf dem Bau oder sonstwie die Bekanntschaft der Arbeiterklasse macht, muß sich zunächst mal damit auseinandersetzen, daß alles, was hier geschieht, bei dieser dummen, kleinen, nichtswürdigen Ferienarbeit, von denen, die hier mit der Aussicht arbeiten, ihr Leben unter diesen Umständen zu verbringen, völlig ohne Distanz und mit unbekümmertem Engagement zum Großereignis aufgeblasen wird. Nichts bleibt unregistriert, zu allem wird ein tief von Innen, von Herzen kommender Schnack, ein Wort der Anteilnahme – ja, der Student kann es nicht anders nennen – »abgelassen«.
Was haben die für Sorgen!
Genauso die Neger. Vom frühesten Blues bis zu den neuesten Rap- und Gogo-Platten, über die kompletten verehrten Größen des Soul, neigt der Schwarze doch dazu, Dinge emotionell aufzuladen, ja überhaupt des Erwähnens wert zu finden, die unsereins gar nicht erst wahrnimmt. Es ist gar nicht so sehr die Auswahl der Themen, als die Art und Weise, in der da unter Tanzen, Springen, Stimme erheben und Augenrollen diese Alltäglichkeiten behandelt werden. Und meistens findet derselbe Bohemia-Intellektuelle, der sich von den emphatisierenden Arbeitern entsetzt abgewandt hat, dieses meistens sehr

charmant. Der Kontext für die schwarzen Banalitäten ist denn
ja auch meistens irgendein Liebeslied, wovon die verklemmten Bauarbeiter, die allenfalls mit der Größe ihres Schwanzes
prahlen, ja nicht reden. Und das veredelt die Emphatisierung
des Banalen ganz ungemein. Nur daß diese schwarze Alltäg-
lichkeit, die sich da zwischen zwei Songs über weggelaufene
Frauen oder im Rap der Neuzeit zwischen zwei Prahlereien
über den Erfolg bei Frauen Bahn bricht und musikalisch und
mimisch emphatisiert wird, aus dem gleichen Alltag kommt
und auf ähnliche Weise erlebt und verarbeitet wird, fällt unserem Bohémien nicht auf. Er erholt sich von den Schrecken
der Banalität auf der Baustelle zu Hause bei der charmanten
Banalität eines Grandmaster Melle Mel.
Es ist nebenbei interessant, daß der Ursprung der schwarzen
Musik in der Klage über schlechte Arbeits- und Lebensbedingungen und der Klage über weggelaufene Frauen liegt und ihr

aktuellster Stand – Rap und Gogo – neben ein paar sozialkriti-
schen Pflichtsätzen die Lobpreisung der USA und der eigenen
Potenz zum Gegenstand hat. Obwohl beides – zugegeben –
sehr charmant gesagt wird.

## Die Faschisten

In »Masculine/Feminine« von Godard sitzt Jean-Pierre Leaud
im Kino. Der Film spielt zur Zeit der großen Politisierung
der französischen Intellektuellen. Er unterhält sich mit seinem Mädchen und scherzt mit ihr. Von hinten ermahnt ihn
jemand zu schweigen. Er dreht sich um und zischt den Mann
an: »Trotzkist!«
Auf die gleiche Weise hat sich unser Student angewöhnt, und
auch ich, der Autor, hatte (und habe manchmal noch) diese
Angewohnheit, alles, was ihm im Wege steht, »Faschist« zu
nennen. Erst unlängst hörte ich ihn in einer Kneipe sagen:
»Welcher Faschist hat mein Bier umgeworfen?« Ich finde es
ganz charmant, so zu reden, aber ... Gelernt hat er auf dem
Bau, daß die meisten Proleten Faschisten sind. Sie erzählen
sich – tatsächlich! – Witze über Juden, Neger und schweini-
sche Zoten über Frauen. Alle. Egal, ob sie CDU oder SPD
wählen.
Bei dieser Gelegenheit hat jeder von uns gelernt, auf eine sehr
vulgärmarxistische Art verstanden, daß das Proletariat, jedenfalls dieses fette, fernsehende, biertrinkende deutsche Proletariat, nicht die revolutionäre Klasse sein kann. Faschisten sind
es. Tätlichkeiten sind an der Tagesordnung, und hat Franz
Josef Strauß so unrecht gehabt, als sogar er dem »Spiegel« einmal erklärte, eine gut geführte, faschistische Partei würde in
der Bundesrepublik auf Anhieb um die 30% erringen? Hat
er nicht. Und ich als Autor sage dazu: Hat er wirklich nicht.

Die Schlußfolgerungen, die unser Student daraufhin das revolutionäre Potential des Proletariats betreffend zieht, sind nicht so entscheidend: Stellt sich überhaupt die Frage einer Revolution?

Aber die deutschen proletarischen Faschisten, und wenn es nur 30 % des Proletariats sind, machen sich kenntlich durch die Emphatisierung des Banalen. Daran erkennt man sie auch dann, wenn sie nicht offen sprechen und unter sich sind. Wer sich über Kleinigkeiten aufregt, ist zumindest ein Blockwart und Kryptofaschist. Das haben wir gelernt.

Jedenfalls unser Student, der diese Gemeinsamkeit der Schwarzen und der Onkels aus der DDR mit seinen Ex-Kollegen und daß diese genauso hartnäckig im Banalen wühlen wie jene, nicht überdacht hat. Für ihn wie für Millionen andere, wie für fast die ganze Subkultur gilt unbewußt oder bewußt diese Gleichung: Wer sich aufregt, wer laut wird, wer wegen einer kleinen Sache exaltiert wird, ist ein Faschist.


## Der Unratkübel der Metaphysik

Diese arrogante, miese bürgerliche Haltung, die dem Proletariat noch das Beste abspricht, was es auch heute als geschändete, fortgesetzt betrogene Klasse zu bieten hat, nämlich emotionale Energie, wird unterstützt durch einen neuen Schub an Metaphysik, der in den letzten zwei, drei Jahren von der Kunstwelt herwehend so nach und nach ganz Bohemia vergiftet.

Erst lese ich, daß Markus Lüpertz, eigentlich einmal mein Lieblingsmaler, an das »Göttliche in sich« glaubt, dann, daß der schlechtere, aber ebenfalls sehr angesagte Maler Milan Kunc Carlos Castaneda zu seinen Lieblingsschriftstellern zählt, dann höre ich, daß der Galerist Paul Maenz einen Wünschelrutengänger den Standort seines Schreibtisches bestimmen läßt, dann, daß sein Kompagnon DeVries den Untergang der westlichen und den Aufstieg der östlichen Kultur für unmittelbar bevorstehend hält. Längst bekannt war mir, daß die sehr einflußreiche Dia Art Foundation, die den gesamten Konzept-Kunst-Markt beherrscht, von Sufis durchsetzt ist, daß ihr Leader, der weltbekannte Galerist Heiner Friedrich mit Sufi-Käppi auf dem Kopf empfängt und beim Essen keine Frauen an seinem Tisch duldet.

Es erscheint kaum eine Ausgabe der Zeitschrift »Wolkenkratzer«, in der nicht in aller Unschuld und als hätte es nie nicht nur eine Bewegung gegeben, die all diese Religiositäten machtvoll weggefegt hätte, von Zen die Rede ist. Kaum ein Katalog erscheint, der nicht mit Spirituellem wuchert, kaum eine Ausgabe der »Zeit«, in der nicht irgendein Idiot vom Schlage Ulrich Greiners von Schamanen schwätzt, und kaum ein Verlag, der nicht irgendein Werk anbietet, das irgend etwas Irrationales mit den Sitten und Gebräuchen der Hopi Indianer beweist.

Dabei bemühen sich all diese Neo-Mystizismen nicht einmal darum, sich als Second-Order-Mystik zu gerieren. Ein Second-Order-Meister-Eckkart-Kult könnte unter Umständen lehrreich sein und ein künstlerisches Weiterarbeiten an William Blakes mysto-anarchistischen Verbohrtheiten ein mindestens so interessantes Unterfangen wie Second-Order-Frauenkunst. Schließlich ist Mystik der schmutzigste Schmutz in unserer Geschichte, und warum nicht ihn abarbeiten, wie es den Credi unserer Generation entspräche. Wie viele Helden, ja auch heute noch ungebrochen und zu Recht von uns verehrte Helden, von Sun Ra bis Kool & The Gang, von Captain Beefheart bis John Coltrane, von Pete Townshend bis zu Van Morrison haben auf diese Weise den kritischen Diskurs an den Nagel gehängt. Und sehr oft ist es besser, den kritischen Diskurs an den Nagel zu hängen, auch wenn einem nur so ein schlechter Ersatz wie das Schamanentum einfällt, als diese perfideste Spielart pluralistischer Verwässerungstechniken bei sich zu behalten.

Aber als Derivat der Rock'n'Roll-Kunst und unfähig, sich als historische Wesen zu denken, fallen diese Engelchen ganz naiv und unreflektiert mit hinein in den großen religiösen Unratkübel, und wir werden ihnen nicht helfen, sich da wieder herauszuziehen.

Die sogenannte neue surrealistische Kunst, wie wir sie aus den East-Village-Galerien New Yorks und aus dem verdorbenen Paris kennen, bedeutet die vollständige Durchsetzung dieses Übergangs der nur doofen Rock'n'Roll-Kunst in eine neue, identisch wiederholte Hippie-Phase der bildenden Kunst, gut zwanzig Jahre nach entsprechenden Phasen, Statements, Manifesten und Bewegungen in der Pop-Musik.


# Eine Nacht in Sodom und Gomorrha

Ich will erzählen von einer ganz normalen, typischen Nacht im Jahre 1983, dem ersten Jahr des Niedergangs von allem, was wir erkämpft hatten. Ein Niedergang, den ich nicht beklage, denn warum sollten unsere Errungenschaften dauerhafter sein als die irgendwelcher vorangegangener Bohemia-Generationen.

Ich glaube, es war gegen 1 Uhr 30, daß ich in meinem Stammlokal eintraf. Wie immer hatte ich von 14 bis 21 Uhr in meinem kleinen Büro, das ich mit einem schreibenden Freund teilte, gearbeitet, war dann nach Hause gegangen und hatte das Fernsehprogramm bis zum Ende angestarrt, dabei, wie immer, wenn ich das Fernsehprogramm bis zum Ende anstarre, viele, gute Gedanken gehabt, ein paar Platten zur Einstimmung auf das Nachtleben gehört, mich angezogen und mich dann in

einem etwa zwanzigminütigen Spaziergang auf den Weg zum
»Subito« begeben.

Hier war die Stimmung schon wieder auf neue Höhen gestie-
gen. Die Künstler, die für gewöhnlich bis eins, halb zwei im
»Vienna« hängen, waren bereits eingetroffen, sie hatten zwei
Freunde aus Wien dabei, die Thomas Bernhard und alle Figuren aus »Holzfällen« persönlich kannten, und alle vier waren
besoffen und riefen »Heil Hitler!«. Der Volksschauspieler war
da, der uns mit ein paar schlüpfrigen Witzen unterhielt, und
die ganzen klugen, hübschen kleinen Mittelschülerinnen, ein
paar Studentinnen und noch ein paar Künstler. Dazu kam gegen 2 Uhr 30 eine Lärm-Band aus Berlin, bei der ein Russe
mitspielte.

Diese Berliner! Nachdem die Einstürzenden Neubauten sogar international – weil es so eine schöne Kreuzung aus allem
war, was deutsch ist: Mauer, Industrie, Gummi, verbrannte
Erde – Erfolg hatten mit ihrer eindrucksvoll in Szene gesetzten Krach- und Zerstörungsmusik, wollte jede kleine Berliner
Ratte mit zerfranstem Haar mitspielen bei diesem einträglichen Abenteuerspielplatz-Verwüstungsspiel. Natürlich ohne
den Erfolg, aber mit dem Recht, an den abendlichen Ausflügen nach Sodom und Gomorrha teilnehmen zu dürfen und die
entsprechende Würdigung entgegennehmen zu können.

Gegen 3 Uhr waren alle so betrunken, daß sich die ersten,
die sich nach allen Regeln, noch der großzügigsten Moral,
nicht einmal hätten zur Begrüßung in die Arme fallen dürfen,
knutschend in den Armen lagen. Zwischen den Umarmungen
griff man zum Tequila, der die Beine schwach und die Körper
noch lappiger und konturenloser machte. Diese Paare waren
meistens Freund und Freundin eines gemeinsamen Freundes,
daher resultierte das Verbotene und das besonders Gemeine,
aber gleichzeitig wollte man ja verschlungen zitierendes Stil-
patchwork, und da mußte auch diese Schranke fallen. Es gab
zu diesem Zweck eine unbeleuchtete Ecke des »Subito«, die

man den »Munkelgang« nannte, wo man noch relativ unbeob-
achtet sündigen konnte.

Aber während da der Unmoral gefrönt wurde, kam es an anderen Ecken des Lokals zu vergleichbaren Verwerflichkeiten:
Wenn etwa das junge Mädchen, das den ganzen Abend den
zusehends betrunkener werdenden Künstler verrückt macht,
ihm anbietet, mal ihren Busen anfassen zu dürfen, und immer
dann, wenn die Alkoholleiche auf sie zuschleicht und sich an-
heischig macht, ihr Angebot anzunehmen, sie ihm eine klebt.
Und dieser Vorgang sich dann so oft wiederholt, bis der inzwischen ernüchterte Künstler sich eine der weniger frischen
Frauen vom vorderen Teil des Lokals greift und sich ins Bett
bringen läßt.

Oder wenn der Volksschauspieler den inzwischen betrun-
kenen Bernhard-Kenner mittels dessen Schal an die Theke
nagelt, auf daß dieser, wenn er aufwacht, so richtig in Panik
gerät.

Gegen 4 Uhr 30 haben die Sünder schon wieder die Partner gewechselt, weil nur eine Sünde nicht genug für einen Abend ist,
und als das Lokal gegen 6 Uhr schließen will, raufen sich die
letzten illegitimen Paare zusammen und treiben das Spiel auf
der Reeperbahn weiter, in irgendeinem Schuppen, der rund um
die Uhr geöffnet ist. Nur ins Bett gehen sie nicht zusammen.
Denn dazu sind sie dann doch wieder zu feige, zur Königsün-
de, es bleibt dann doch bei der bürgerlichen ABC-Verirrung
und dem subjektiv königlichen Gefühl, wieder so richtig was
vom Leben gehabt zu haben.

Am nächsten Morgen sagte ich dann im Büro zu meinem Kollegen stets, wenn gestern Gott, der Herr, die Absicht gehabt
hätte, das »Subito« in Schutt und Asche zu legen, er hätte nicht
einen Gerechten gefunden, dessen Leben er erhaltenswert er-
achtet hätte.

# Bolshevique Chic

Die jungen Leute, also Tims Generation, die nie an den Kämpfen, die noch unsere K-Gruppen geführt haben, teilnehmen mußten, haben gleichwohl, wie in so vielen ihrer Ansichten ziemlich treffsicher, einen gesunden Ekel gegen die pluralistisch verbreitete *Meinung* entwickelt. Seit den Jahren 79/80 breitet sich in Bohemia eine rein ästhetische Faszination am realen Sozialismus aus. Eines Tages besuchte ich die ästhetische Anführerin der jungen Hamburger Mädchen, ein bizarres, verwöhntes, faules und reizend-kokettes Wesen, das sich ohne es zu wissen darauf hin bewegte, die Edie Sedgwick des neuen deutschen Undergrounds zu werden. Ich hatte schon ein paarmal kleine Lenins und Held-der-Arbeit-Orden an ihrer Kleidung ausgemacht, aber wie soll ich meine Verzückung beschreiben, als ich ihre Bettwäsche sah. Eine Decke aus rotem Samt, mit goldenem Hammer und Sichel draufgenäht, und ein Kopfkissen aus demselben roten Samt mit den goldenen Sternen Rotchinas.

Lenin- und andere sowjetische und ostdeutsche Abzeichen wurden Anfang der 80er irrsinnig populär. Auch wenn die Begeisterung dafür, wenn man den Bewußtseinsstand der jungen Leute in Rechnung stellte, nur ästhetischer Natur sein konnte, hatte diese Bewegung, wenn sie diese Bezeichnung denn verdient, auch einen Inhalt. In diesen Insignien brach sich Bahn, was wir älteren, noch mit K-Gruppen-Vokabular erzogenen, den Ekel vor der unverbindlichen, wirkungslosen Meinung im Pluralismus zu nennen in der Lage waren. Es war das Herbeiwünschen einer gerechten, wahren Autorität, die man weder in Indien, im Vatikan oder gar – wie dieser Generation so oft vorgehalten wird – im Dritten Reich suchen konnte. Es gab immer nur einen sympathischen Politiker in diesen Jahren. Und das waren der Reihe nach: Breshnev, Andropov, Tschernenko und Gorbatschow.

Aber vor allem sind all dies Beweise dafür, daß in Bohemia niemals Politik-Verdrossenheit geherrscht hat, wie der kritische, soziologische Standpunkt uns weismachen will in der Absicht, sozialdemokratische Mitmacher an diesem Staatswesen zu erziehen. Was verdrossen macht, sind die unter den Spielregeln des technokratischen Pluralismus entstandenen Nivellierungstechniken, die nicht nur das kleine, kleinbürgerliche Individuum, das sich für den Mittelpunkt der Welt hält, frustrieren, sondern darüber hinaus die Gedanken selber schwach machen, egal in welchem Kopf sie gedacht werden. Denn über uns allen thront der große Moderator, der jedem, aber auch jedem Satz entgegnet: »Sehr schön, daß Sie Ihre Meinung so deutlich formuliert haben, wir wollen jetzt einmal den Gegenstandpunkt hören.«

Der Bolshevique-Chic war eine der unbewußten Manifestationen der Unlust, weiterhin Gegenstandpunkte zu hören.

## Das Ende des Kommunismus

Nachdem die erste Fassung dieses Textes bereits abgeschlossen war, starben Konstantin Tschernenko und Enver Hodscha, gleichzeitig überschlugen sich die westdeutschen Medien mit Erfolgsmeldungen über die Restauration kapitalistischer Verhältnisse in China, Ungarn und anderswo. Wenn Gorbatschov sich erst richtig entfalten kann, ist klar, daß er vorgehen wird wie in China ein Deng Hsiao Peng, daß er alte Zöpfe abschneiden und daß er Zeremonien und Feierlichkeiten, all das, was der Westen so gerne zur Verhöhnung der Sowjetunion ausnutzt, abschaffen wird. Und wenn dann in ein paar Jahren sowjetische Delegationen in irgendwelche sozialistischen Dritte-Welt-Länder reisen und mit allem bolschewistischen Pomp und Tschingderassa empfangen werden, müssen sie hinter vorgehaltener Hand lächeln und werden sich als was Besseres fühlen.

Kim Il Sung hat sein Big-Brother-Reich bis dahin seinem pragmatischen Sohn vererbt, und Albanien hat seine Grenzen nach Griechenland geöffnet. Ungarn wird sich der EG anschließen und Jugoslawien eine offene Grenze nach Österreich und Italien einrichten. Mit anderen Worten: aus dieser Welt verschwindet in diesen Tagen, restlos, die Idee einer politischen Andersartigkeit. Weltweit wird zur Norm, was zur Zeit in den USA gedacht wird, daß es weltweit nur ein politisches System gibt. Das, wenn es gnädig ist, sich gerne ein paar Verbesserungsvorschläge anhört.

# Der Triumph der herrschenden Klasse

Dem entspricht der Triumph der herrschenden Klasse im Inneren unserer Kultur. Selbst die renitentesten Figuren Bohemias sind mittlerweile mit der parlamentarischen Demokratie als Staatsform einverstanden, das Glucksmannsche »Denken-führt-zu-KZs-und-Gulag« ist nicht nur in der Kunstszene weithin akzeptiert. Die früher gängige Überwachung von Äußerungen politischer Art durch mindestens einen halbwegs geschulten Marxisten in jeder Zelle, Wohnung, Beat-Band, Kneipe, Schulklasse, Uni-Seminar ist abgeschafft. Die Kultur liegt fest in den Händen der Gefühle und Träume, kein Manager begibt sich mehr in Gefahr, wenn er sich auf das Terrain der Subkultur begibt. Denn was er vorfindet, ist im schlimmsten Falle Kokain. Und das hat er ja selbst in der Tasche.

Heute spielen die Beach Boys, eine der besten Pop-Bands aller Zeiten, im Weißen Haus, was nicht ausschließt, daß Brian Wilson immer noch über Fähigkeiten verfügt, die das Weiße Haus in Schutt und Asche legen könnten, Neil Young kämpft

für Ronald Reagan, Iggy Pop tut dasselbe schon lange, Mick Jagger sagt: »I never was particularly left wing« – ich hatte allerdings nichts anderes erwartet – und diejenigen, die sich noch als *Left wing* fühlen, wiederauferstandene alte Kämpen wie die Fugs, bleiben in ihren liberalen Kritiken verfangen und fordern lediglich, daß man die Themen – Umweltschutz, Gleichberechtigung, Soziales Netz –, die »Issues«, am Leben erhalten solle.

Ein junger Mann, der aussieht wie ein Mitglied der Gruppe Depeche Mode, beginnt derweil seine Karriere als Solo-Künstler mit einem Synthesizer und dem Haarschnitt, der 1981 das neue Ding aus England gewesen wäre. Er fragt in dem Song seiner ersten Single nach dem Sinn des Lebens und ist über diverse Probleme verunsichert, die die heutige Jugend so quälen, daß allein deswegen, wenn man der Bild-Zeitung glauben kann, in Aachen 4 Jugendliche in den Tod gegangen sind, als da wären Luftverschmutzung, Rüstung und ... ach ja, Waldsterben. Der junge Mann mit dem Synthesizer heißt Albrecht mit Nachnamen, ist Sohn des alert-erzreaktionären Ministerpräsidenten von Niedersachsen, dem Publikum als Streicher aus dem Albrechtschen Hausmusikstreichquartett bekannt, und nach eigener Aussage trotz seiner inneren Unruhe mit der Politik seines Vaters zufrieden ...


## Die erste Enttäuschung

Unsere Grunderfahrung, nach dem Ende des *Weiter*, war ja, daß alles austauschbar, grundsätzlich austauschbar war und man, wenn man diese Versatzstücke nur richtig, ihre inneren Dynamiken und Eigengesetzlichkeiten im Sinne der Erzeugung von Reibungshitze ausnutzend, kombiniert, mit allen Mitteln die richtigen Aussagen herstellen könnte. Nur die Aussagen waren für uns klar: Orientierung an den Städten, der richtigen Welt, der Politik und das Wissen darum, allen Schmutz, den man uns hinterlassen hat, wegräumen zu müssen.

Plötzlich schienen wir Verbündete zu haben. Das, was sich in den Jahren 77/78 als Punk äußerte, behauptete oft, viel ausgesprochener als wir, dieselben Feinde zu haben wie wir. Das bedeutet für uns, daß wir, doch nun schon über zwanzig und für eine Jugendbewegung eigentlich zu alt, doch noch die Chance bekommen sollten, an einer richtigen Bewegung teilzunehmen.

In der Punk-Bewegung schien sich auf glückliche Weise das, was wir an unseren älteren Brüdern haßten, mit dem zu vereinen, was wir von ihnen übernehmen wollten: Natürlichkeits-, Echtheits- und Originalitätsvorstellungen waren uns gemeinsam so verhaßt wie der heilige Ernst, die Unfähigkeit über Schatten zu springen, die Sucht nach alles verbindenden Einheiten, die Unfähigkeit, kognitive Dissonanzen auszuhalten, dagegen war Renitenz und eine erklärte Gegnerschaft zum System, wenn auch aus mehr anarchistischen Beweggründen, mit im neuen Wertekatalog.

Die Punks, die wir kennenlernten, waren denn auch für ihr Alter eminent originelle Köpfe. Meistens kamen sie aus der Schwarze-Lederjacken-Anarcho-Szene und hatten das Verkiffte, Weltfremde, Retrospektive dieser Szene satt.

Aber diese Punks waren nur die Speerspitze. In der Nachhut kamen schon 1979 Leute, die sehr schnell die Mehrheit bildeten, die nahtlos alle ›Gefühle-sind-wichtiger-als-Worte‹-Werte ihrer Vorgänger vertraten. Obwohl der Keim der Punkbewegung weltweit darin lag, daß Schüler etwas suchten, was sie ihren fortschrittlichen, sozialdemokratisch gewordenen, aus der Studentenbewegung hervorgegangenen Lehrern an den Kopf werfen konnten. Aber sehr bald hatte die Mehrheit genau deren Werte übernommen, wenn auch anders ausgedrückt. Und es fiel der Regierung leicht, alles, vom Hausbesetzer über den Bhagwan, den Punk bis hin zum friedlichen, ewig gewaltfreien Friedensbewegten unter einer ewig gleichen Idee von unruhiger Jugend zu subsumieren.

## Die zweite Enttäuschung

Die aus dem Punk hervorgegangenen klügeren Köpfe sangen Lieder wie: »Es ist zu spät für die alten Bewegungen, was heute zählt ist Sauberkeit.« Ja, Sauberkeit, nicht mehr Auffallen, Abschaffung des uralten Themas der Renitenz, statt dessen im kleinen die Übereinkünfte, die das System stützen, auflösen. Häufige Identitätswechsel als subversive Auflösung bürgerlicher Individualismus-Ideen.

Wie haben wir sie geliebt, diese Ideen! Das schien nun wirklich der direkte Weg in die erste uns eigene Form von Widerstand. Klar, wie Schuppen fiel es uns von den Augen, wie sehr Punk doch nur eine berechenbare Version einer bestimmten 6oer-Idee von Militanz war, die schon damals nicht weit über die MC 5 und die White Panther Party von John Sinclair (»*You have to choose Brothers and Sisters, whether you wanna be a part of the problem or whether you wanna be a part of the solution*«) hinausgegangen war. Klar, daß die Idee der Verwahrlosung, an der ja Punks noch heute hängen, immer nur eine soziologische Antwort evozieren konnte. Und das System antwortete auf Punk ja auch nur mit Begriffen wie Jugendarbeitslosigkeit, und ein Halbsatz der Sex Pistols hatte ihnen den Slogan dazu geliefert: »There is no future in England's dreaming.« In »dreaming« wohlgemerkt, nicht in Beschäftigungspolitik.

Aber daß uns das nicht eher eingefallen war! Warum nicht einfach das Modell des Angepaßten, den ja auch die offiziellen, stets zu konstruktiver Andersartigkeit ermunternden Organe des Systems immer geißeln, für unsere Zwecke nutzen. Warum nicht die Substanzlosigkeit, wahres Greuel aller Lehrer, Soziologen und Feuilletonisten, in unserem Sinne nutzen. Das war die Idee der Wave-Rebellion. Die man nicht spürte, die im verborgenen fraß und zersetzte, der unsichtbare Wurm, der nachts kommt und dem Establishment die Kinder wegnimmt und ihnen das Gift seiner fundamentalen Distanz, seines Andersseins bei gleichem Aussehen einflößt. Eine schöne Idee. Nur etwas zu kompliziert.

Das Ergebnis war, daß ein paar Intellektuelle ihre Freude daran hatten und einmal mehr eine Rechtfertigung fanden, den allertrivialsten Späßen wie Fußball und Human-League-Platten eine geheime, hochwichtige Bedeutung zukommen zu lassen. Alles geschieht im Dienste der Subversion. Denn selbst, wenn wir vor dem Fernseher, biertrinkend und Salzstangen knabbernd die Bundesligaergebnisse betrachteten, taten wir es ja mit einem anderen Bewußtsein. Wir knabberten subversiv. Und der HSV wurde subversiv deutscher Meister.

Die Jugendlichen aber, potentielle Bündnispartner, die sich einfach, wie jugendliche es nun mal seit Menschengedenken tun, an der Musik, die zu unserer Rebellion gehörte, orientierten und die Texte und alles wörtlich nahmen, und zwar von The Cure bis Orange Juice und von Haircut 100 bis Throbbing Gristle, hatten am Ende auch nur das im Kopf, was jeder 18jährige, je nach Temperament und Herkunft leichten Variationen unterworfen, so im Kopf hat. Der saubere, nicht renitente Waver war irgendwann nur noch eine Spielart des genußsüchtigen, gewissenlosen Poppers, vielleicht eine ganz angenehm anzusehende, mit schön viel Aktualitätszeichen behaftete. Nicht mehr.

Unser Subversions-Überbau war jedenfalls ziemlich aus der Luft gegriffen. Was nicht heißt, daß nicht eine Menge Urteile, die wir und unsere englischen intellektuellen Vorbilder – Green von Scritti Politti und die Schreiber Ian Penman und Paul Morley – gefällt haben, nicht trotzdem richtig waren.

## Die dritte Enttäuschung

Wir waren der Ansicht, daß der Zitat-Pop nicht nur der Beitrag zur Pop-Geschichte ist, der genuin unserer Generation und ihrer Pflicht, den Dreck der anderen zu durchwühlen, entspricht, sondern seit den glücklichen Zeiten, als in den 60ern Pop und Marxismus dasselbe waren, die erste Spielart von Pop-Musik, die sowohl die Charts eroberte als auch die Grundfesten der geschmacklich-geistigen Übereinkünfte des Systems erschütterte. Wie wir darauf kamen, ist heute nur

noch schwer festzustellen. Fest steht, daß die Lieblingsbegriffe des Jahres 82 Stolz und Entschiedenheit waren. Also eine Idee, die besagte, daß wir nach all dem Wühlen im Dreck der anderen schließlich aufgetaucht wären, mit unserem eigenen genuinen born-in-the-fifties-Stolz und Selbstbewußtsein. Bands wie ABC und Dexy's Midnight Runners verleiteten uns zu dieser Annahme. Sie verbanden selbstverständlich Sätze wie: »Some day you 'll find true love« und »The only way to change things is to shoot men who arrange things.« Sie waren stolz und selbstbewußt und so neu, daß wir sicher waren, so weit wie nie in unseren Hippie-Tagen, von *denen ihr Spiel zu spielen*, entfernt zu sein. Wir waren unser deswegen so sicher, weil wir unsere Ideen – Akzeleration von kulturellen Epochen, Second-Order-Pop – so gut fanden. Wir hatten noch nicht gelernt, daß es nie die Ideen sind, die über den Wert und die Kraft einer Bewegung entscheiden, sondern die Leute, die sich ihrer bemächtigen. Bis Ende 82 hatte eigentlich noch niemand *nach* diesen Ideen gehandelt, sondern bestenfalls mit diesen Ideen im nachhinein sein vorangegangenes künstlerisches Handeln gerechtfertigt (z. B.: ABC). Culture Club war die erste Gruppe, die das Bewußt-Plagiatorische, den wilden Eklektizismus professionell und in cleverer Übereinstimmung mit dem Zeitgeist betrieb. Hier waren die Hip-Intellektuellen plötzlich überflüssig, denn Culture Club schrieben ja bereits auf die Plattenhüllen, welchem Begriff von Pop sie nacheiferten. Alles war übersät mit Zitaten, in den Videos jagten sich die Jahreszahlen, kein Interview verging, in dem Boy George, der sich natürlich jedesmal anders anzog und frisierte, nicht von den großen Namen des Soul, des 6oer-Pop, der Pop-Art, der Camp-Kultur schwärmte.

Mit ihm ging der Zitat-Pop in seine professionelle Phase über und Historizität war als Waffe endgültig stumpf geworden. In England machten sich Sendungen der BBC breit, die im TV wie im Radio inflationär das Historische an Pop-Erscheinungen abklopften, die sich in loser Folge dem Kultgehalt bestimmter Jahre widmeten, kein Kleidungsstück ging mehr über irgendeinen Boutiquentresen der westlichen Welt, ohne daß Käufer und Verkäufer ausgiebig Jahreszahlen ausgetauscht hätten, Parties standen unter Motti, die wenn nicht ein bestimmtes Jahr, so doch mindestens ein Dezennium zum Gegenstand hatten.

Dabei waren Boy George und Culture Club noch brillant, weil sie die ersten waren, die Idee des Zitat-Pop, die im Besitz von Bohemia war und dort exklusiv gehütet wurde, für den Rest der Welt beschlagnahmten. Solche Enteignungsvorgänge am Ende einer Epoche haben immer eine Menge Pfiff und revolutionären Elan und grenzen in ihrer Euphorie freisetzenden Wirkung an jene glückhaften Momente, wo Pop und Politik für eine historische Sekunde eines zu sein scheinen. Aber sie hinterlassen immer einen entsetzlichen intellektuellen Hangover, den in diesem Fall die Eurythmics, die Thomspon Twins und die gesamte Yuppie-Kultur repräsentierten. Dies war der Beginn einer entsetzlichen Beliebigkeit, geboren aus der plötzlichen Verfügbarkeit aller muskalischen Stilmittel für jedermann und damit auch für die Profis, die sich einen Dreck um Reibungshitze scheren. Nirgendwo gab es mehr die Verpflichtung, Verantwortung für das Zitierte zu übernehmen. War das Kennzeichen des Zitat-Pop vorher gerade die heroische Geste gewesen, sich freiwillig und unter Opfern mit den Hinterlassenschaften der Kultur zu plagen, so war gerade dieses Vorgehen jetzt plötzlich der leichte Weg, der unverbindliche. Denn bis zum Jahreswechsel 82/83 hatten alle, die sich auf die Geschichte gestürzt hatten, dieses gerade getan, um Musik und Image zu konstruieren, die mit Geschichte belastet und daher verbindlich sind. Denn nur solange die musikalischen, textlichen und Image-Zeichen noch mit Geschichte belastet waren, gab es Sinn, sie respektlos und unmöglich, nämlich eklektizistisch zu behandeln. In dem Moment, wo alle musikalischen Elemente aller Hitparaden-Bands »historisch« waren, waren sie alle bedeutungslos geworden.

Und die Idee des Zitats, des Verweises, der Versprachlichung von Musik war denn auch gar nicht mehr das Anliegen dieser 83 ff.-Musikergeneration. Dies war lediglich die entleerte Formel, unter der sie zu arbeiten begonnen hatten. Sie fingen sich ihre Hörer mit Klängen, mit Technik und Produktionsgags, nicht mit bewußten Entscheidungen auf kultureller und politischer Ebene. Sie profitierten lediglich von der scheinbaren Konformität ihrer musikalischen Beliebigkeiten mit den noch vor Jahresfrist von den revolutionärsten, avanciertesten Leuten erhobenen stilpolitischen Ideen: daß Musik wie Malerei ganzheitliche Systeme aus Sprache, Klang, Soziologie seien, deren Elemente stets offensiv auf ihre Geschichte verweisen sollten, die niemals unschuldig und immer sprachanalog funktionieren.

# The Sound of Silence

Zwei Instrumente leisteten dem neuen Muddelpop Vorschub, deren Aufkommen irgendwann einmal historisch fortschrittlich gewesen sein muß: Der Synthesizer und das Studio (in seiner Totalität, als Instrument). Das Studio war ursprünglich das Gegengift gegen den saufenden, hurenden, spontanen und natürlich der Gitarre das Letzte entlockenden Rock-Musiker. Der Synthesizer war das Instrument, das Emotionen nicht mehr mechanisch übersetzen wollte. Man kann noch so intensiv auf eine Taste hauen, die Lautstärke des Tones wird durch einen entsprechenden Regler, den man vorher einstellt, bestimmt und entzieht sich so den Emotionen und der Spontaneität. Beide sind also hervorragende Kampfgefährten gegen das *Weiter*, das ja Emotionen und Spontaneität zu seinen Essentials zählte, wie auch generell gegen die dummen Ideen Spontaneität und Intuition.

Nach dem Aufkommen des relativistischen Muddelpop waren diese beiden Instrumente für die Minimalisierung aller Einflüsse, die Reibung erzeugen könnten (also überpersönlicher Zeitgeist oder persönliche Intelligenz, Unverfrorenheit oder meinetwegen sogar die gute alte Renitenz) hervorragend geeignet. Die erste Generation nutzte den Synthesizer und das Studio, mit all seiner immer pompöser werdenden Technik, ja gegen etwas. Diese Generation hingegen begann diese Instrumente plötzlich für etwas zu nützen, also immanent zu benutzen, im Sinne ihrer Erfinder, und sie fuhren, wie einige unselige und dumme minimalistische Vorläufer vom Schlage Brian Eno vor ihnen, wirklich auf all die geilen technischen Möglichkeiten ab. Sie fanden es wirklich toll, statt mit Hilfe der Technik Distanz zu schaffen und das Musikmachen zu vereinfachen, sich in die Technik hineinzuknien und geile Sounds aus der Elektronik herauszukitzeln. Sie wollten nicht mehr sprachanaloge Musik machen, sondern Musik-Musik. Nur nicht, wie schon früher die eine oder andere Minderheit, auf irgendeinem erdabgewandten Planeten wie »Jazzrock« oder »Meditationsmusik« oder »Musik-für-Airports« oder »Musik-um-die-Stille-hörbar-zu-Machen« wie die »Zeit« über ihr Lieblingslabel, die Jazz-als-Kammermusik-Institution ECM schrieb, sondern mitten auf dem Marktplatz, mitten auf dem soeben, scheinbar von der letzten bürgerlichen Sinnzuweisung freigekämpften Feld des Pop.

Obwohl Melodien in der Pop-Musik zwar oft das Herz schmelzen lassen, Berge versetzen und Revolutionen in Gang setzen können, vielleicht auch gerade deswegen, sind sie bei den Musik-Musikern verpönt, an ihre Stelle tritt heute der Sound, früher war es wenigstens noch das *Weiter*, das sich in vorgeblich Barrieren einreißenden Soli Bahn brach. Der »Sound«, die »Produktion« sind die Fetische, die an dem verwaisten Ort der Intensität aus der klassischen *Weiter*-Musik heute auftauchen und dort die gleiche geistfeindliche Wirkung entfalten.

Da aber der Überbau des Solos, immerhin in das alte *Weiter* eingebettet, noch zu Bohemia gehört, kann man es als einen – eventuell und unter bestimmten Umständen sogar revitalisierbaren – Bestandteil unserer Geschichte ansehen. Der »Sound« und die »Produktion« gehören aber nur noch zu einer Ideologie der Produktqualität, sind ganz und gar Yuppie-Werte, christdemokratisch und damit schlimmer als das im schlimmsten Falle sozialdemokratische Solo. Der Sound ist nicht mehr Bestandteil unseres Erbes, jedenfalls in seiner heutigen fetsichisierten Form. Synthesizer und Studio sind das Ende der Second-Order-Musik und möglicherweise der Beginn von etwas Neuem, der Auslöser einer neuen Gegenbewegung.

# Versuch einer Apologie des Sounds

Es gibt auch eine andere Möglichkeit, die Geschichte des Sounds in der Pop-Musik zu schreiben. Vor ein paar Jahren sah ich einen kleinen Jungen im Fernsehen, der gerne Kraftwerk-Platten hörte. Eltern und Reporter fanden das einigermaßen ungewöhnlich und stellten dem Jungen bohrende Fragen, bis dieser schließlich gestand, ihm hätten auch die Geräusche der Supermarktkasse schon immer so gefallen und diese Art von Geräuschen gefallen ihm allgemein und ganz besonders eben bei Kraftwerk.

Meine Katzen mochten immer die Residents und einige Intros früher Human League-Platten. Ich weiß, daß ich als Kind einige Small-Faces-Platten wie »Itchycoopark« und »Tin Soldier« nur wegen des geilen Klangs des damals neuartigen Elektroklaviers liebte, Klaus Theweleit, über dessen Wert und Unwert wir hier ausnahmsweise nicht streiten wollen, hat mal in einer ziemlich blödsinnigen, der Musik gewidmeten Nummer der Zeitschrift »Filmkritik«, in der sich diverse Althippies unter Aufbringung weinerlicher, intellektueller Verbrämung über ihre musikalischen Jugenderinnerungen ausgelassen haben, in einem ansonsten ziemlich lauen Aufsatz einige sehr wahre Dinge über die winzigen Sound-Details gesagt, die ihn als Kind an gewisse 50er-Jahre-Platten banden.

Denn Sound kann das Eigentliche an Pop-Musik sein, besonders bei Kindern und Katzen. Es ist das direkteste, möglicherweise kitzligste und kniffligste Element, der Rattenfängeraspekt. Und ein Idiot, der darauf besteht, daß nur die unschuldig-zufälligen und charmant aus dem Mangel geborenen Sound-Effekte der frühen Jahre das zu leisten vermögen, was die Kinder dann schließlich dem Establishment entreißt. So oft das auch in der Geschichte zugetroffen haben mag, jetzt, wo die Unschuld weg ist, geht das auch anders. Und die ganz frühe, noch charmante Hiphop-Bewegung ist nur durch die professionell kindliche Begeisterung für Sound-Effekte zu erklären.

Um so schlimmer, wenn dieses Mittelchen jetzt besetzt wird von den Musik-Musikern, die es im Sinne von Bastelfreaks und technisch interessiertem Jungeneifer einsetzen und abstumpfen. Ist es da ein Wunder, daß fast alle neuen Bands aus dem Untergrund sich Gitarren suchen, so alte und unvollkommene wie es geht, die ihre besonderen Klangeffekte noch etwas unvorhersehbarer hervorbringen?

Aber der gute Sound, das Geräusch als Detail, steht sowieso in diametralem Gegensatz zur *neuen* Dominanz des Sound, zur Soundkomposition des Yuppie-Pop. Der kleine geile Sound-Effekt ist Zusatz, Luxus, Bonbon, Extra-Schicht, für Erwachsene und andere Schweine nicht decodierbare Zusatzmitteilung an den jungen Rebellen. Die Yuppie-Pop-Sound-Komposition, wie wir sie bei Gruppen wie Depeche Mode, Eurythmics, aber auch Propaganda vorfinden, wie sie einen großen Teil der zeitgenössischen Disco-Pop-Musik ausmachen, sind dagegen Reduktionen, späte, verwässerte Reaktionen auf einen Minimalismus-Gedanken, der schon im Original bei Eno oder Kraftwerk ungesund zen-buddhistisch und – wie alle Künste, die nach dem Puren streben – häßlich war.

## Relativismus und Minimalismus

Kommen wir noch einmal auf die musikalischen Ideen der Familie Albrecht zurück, deren Sohn sich ja so hervorragend als Pop-Musiker empfohlen hatte. Sein Vater nun, der niedersächsische Ministerpräsident, äußerte neulich seine Sympathie für das neueste Buch des Ex-Jazz-Papstes und Neu-Sanyassin Joachim Ernst Berendt, der inzwischen sicher Swami Sowieso heißt, und philosophierte anschließend ernstgemeinte, selbstgeschnitzte Buddhismen dazu, die sich möglicherweise unfreiwillig genauso anhörten wie das, was die über die ganze Welt verteilten Anhänger des musikalischen Minimalismus so von sich geben. Diese Richtung, deren hervorragendster Vertreter LaMonte Young eine geistige Heimat in den Kreisen der bereits erwähnten, von Sufis infiltrierten Kunstsekte der Dia Art Foundation gefunden hat, hat vielleicht die exponiertesten Vertreter von Anti-Pop hervorgebracht, die zur Zeit auf der Welt herumlaufen.

Diese Richtung kämpft am entschiedensten (was sie im Sinn des »Liebe-Deine-Feinde!« zu den liebenswertesten, weil diskutierbarsten, sichtbarsten Feinden macht) gegen Schnelligkeit und Aktualität. Nun das tun viele. Sie ist weiterhin gegen Bewegung, gegen Surplus, gegen künstlerischen Luxus, gegen Mischformen, gegen Verschwendung, Großkotzigkeit. Kurz gegen alles, was Pop schön und wichtig macht. Sie stellt die exponiertesten Vertreter der Anämie, die bis in das physische Erscheinungsbild der an ihn angeschlossenen Menschen den modernen Kunstbetrieb bestimmt.

Diese fiesen Heiligen vergiften nun schon seit Jahren über Agenten wie Eno die Pop-Welt und schaffen es sogar durch das Medium einiger talentierter, oft rundum guter Pop-Musiker wie David Byrne, ihre Ideen in das Hauptquartier ihrer Feinde, also bei uns, einzuschleusen. Mit der sound- und produktionsfixierten Musik unserer Tage haben sie ein Betätigungsfeld gefunden, das es ihnen erlaubt, ihr »Weniger ist Mehr«-Credo, das inzwischen schon die Designer von Mercedes-Kühlergrills infiziert hat, an den Mann zu bringen.

Viele Leute verwechseln dabei das geile, groovy »Weniger ist mehr« der jamaikanischen Dub-Ästhetik mit dem reduktionistischen Zeug dieser blöden Buddhisten. In New York, wo sich jamaikanische Dub-Ästhetik und diese buddhistische Ästhetik in derselben U-Bahn treffen, kommt es bei der Produktion von schwarzen Funk-Maxis oft schon zu bedenklichen Vermischungen.

Dabei ist dies nur eine der vielen denkbaren Bedrohungen, die für Pop entstanden sind, nachdem alle seine Elemente dem Relativismus anheimgefallen sind. Solange sich keines, der die aktuelle Pop-Musik des Overgrounds bestimmenden Elemente mehr als *gegen etwas anderes entstanden* kenntlich macht, ist es um die Verbindlichkeit aller dieser Elemente geschehen.


## Die Krise der modernen Physik

Im Rahmen dieser Wende haben wir gesehen, wie die Pop-Musik ungültig geworden ist. Sie neuerdings beeinflussende Kunstrichtungen träumen – Träume vom Verschwinden im Nirvana, von Vernichtung ihrer unsauberen Lebendigkeit. Sauberkeit ist jetzt ein Trumpf der anderen geworden, und es ist nicht mehr die stolze Sauberkeit dessen, der sich durch den Schmutz gekämpft hat, sondern die einer von Menschen gesäuberten Welt.

So wie von der Pop-Musik, die so komplexe und vielschichtige Bedeutungen produzieren kann, wenn es so weitergeht, nur noch der Sound übrigbleibt, bleibt von der Physik zur Zeit nichts mehr übrig als ihre Methoden. Immer mehr Wissenschaftler entwickeln sich zu handfesten Metaphysikern. Denn sie haben zu tief in die Materie hineingeschaut, jetzt ist sie ihnen unter den Händen wegverschwunden. Jenseits von Quarks verschwindet in den langen Röhren der Teilchenbeschleuniger die Materie als Gegenstand der Physik, sie verschwindet, wie angeblich so viele Gegenstände verschwinden: Das *Weiter*, die Moderne, die Politik, die Ökonomie, die Psychoanalyse, der Marxismus. Und irgendwo ganz unten in der mikrokosmischen Röhre steht ein grinsender Frithjof Capra,

diese perverse Kreuzung aus Castaneda und Mathe-Lehrer, und läutet grinsend das »New Age« ein, die soundsovielte Wiederkehr der freiwilligen Selbstvernichtung der westlichen Avantgarde im Zeichen des buddhistischen Fingers, der auf den Mond zeigt.

Nur daß dieses »New Age« im Gegensatz zu seinen Vorgängern – sei es das des Aquarius oder jede andere rührende mit der eigenen Irrelevanz durchaus zufriedene Hippie-Utopie der 60er – eine unglaubliche Saugkraft entwickelt und alles frißt, was an Psychologie, Philosophie, Subkultur und Kunst nicht niet- und nagelfest ist. Auf diese Weise werden die Grenzen zwischen allen Substämmen der Subkultur, deren Zersplitterung ja eh schon immer vor allem ihre falschen Freunde von Peter Glotz bis Udo Lindenberg bedauert haben, bis zur Unkenntlichkeit verwischt. Schon erzählen mir immer mehr junge Leute, die ich noch als scharfzüngige Punks kenne, von den Segnungen indischer Weisheit, was sie zum Glück noch nicht hindert, immer noch am selben Ort wie zu Punk-Tagen ihr Bier zu kippen. Zwei der aufregendsten Musikerinnen der jungen Generation – Lora Logic und Poly Styrene – sind im Ashram des verbrecherischen Hare-Krishna-Anführers A. C. Bhaktivedanta gelandet, jede Menge Künstler enden beim Bhagwan, der übrigens clevererweise als erster begriffen hat, welche Kraft und welche strategischen Möglichkeiten in derlei Mischformen, in diesen Theologien mit Saugeffekt liegen. Auf daß der Konvertit nichts von dem vermißt, was er früher geschätzt hat. Abgrenzung – die ästhetisch und inhaltlich konstituierende Geste von allem, was mit der Punk-Bewegung verbunden war, von Malerei bis Pop – ist ersatzlos gestrichen. Wie die Materie, die am Anfang war. Und das Wort, das danach kam.

## Intellektuelle Promiskuität

Aber wie jede Generation sind auch wir für das Schlamassel, das wir hinterlassen haben und durch das sich, fürchterlich orientierungslos und irrend, nunmehr die Jahrgänge 64–70 durchzufressen haben, selbst verantwortlich.

Auf dem Höhepunkt unserer Macht, 1980–1982, verkündeten wir ein ziemlich kindisches, aber intellektuelles Versteckspiel als Ultima Ratio. Wir dachten, ganz im Sinne von »You Can't Catch Me«, das John Lennon auf seiner »Rock'n'Roll«-LP so elegant wiederbelebt hatte, daß es nur darauf ankomme, vom bürgerlichen Feuilleton nicht verstanden zu werden, auf nichts anderes, und unsere Kunst und unser Denken würden den selbstgesetzten, kulturbolschewistischen Ansprüchen genügen. Wenn auch nur ein Agent des Feuilletons etwas verstanden haben sollte, möglicherweise, weil er verfolgt hat, wie wir in unseren eigenen Organen unseren eigenen Leuten etwas erklärt haben, mußte die Ideologie wie ein geknackter Code sofort ausgewechselt werden. Der intellektuelle Verräter, der sich irgendwo etwas zu deutlich ausgedrückt hatte, wurde moralisch erschossen. Alle Erkenntnis, alle Ideologie, alle Philosophie, Stil, Ausdruck, Ton und Stimme – alles wurde der Funktionalität untergeordnet, alles der großen übergeordneten Strategie unterworfen. *Strategie* – das Zauberwort. Ziel der Strategie: They can't catch us.

Für das They-can't-catch-us war jedes Mittel recht. Kleine, bissige aktive Chamäleons, die wir waren, entwickelten wir tatsächlich einiges Geschick, entlegene Denksysteme zu finden und zu erfinden, nur um sie dem zu opfern, was wir für Mikropolitik (etwa im Sinne von Felix Guattari) und Mikrorevolten hielten. Und wir hatten natürlich für eine gewisse Zeit recht, so zu handeln. Irgendwann hätte uns eine Metastrategie die Strategie verbieten müssen. Doch bevor es soweit kommen konnte, rückte ein junges Fußvolk nach, das uns die Souveränität, nach unseren eigenen selbstinszenierten Ereignissen handeln zu können, aus den Händen riß.

Die neuen Neunzehnjährigen konnten ja unmöglich den großräumigen, subkulturgeschichtlichen Zusammenhang unseres Tuns ahnen oder erkennen, sie nahmen unsere strategisch hervorgebrachten Äußerungen mit all der Eigentlichkeit wahr, die sie da gehabt haben mögen, wo wir sie gestohlen haben. Und da vieles von dem, was unsere Generation von sich gab, entstanden war, um uns von der Sorte Sozialismus abzusetzen, die unsere älteren Brüder und Sozialkundelehrer verbrochen hatten, ergriff diese neue Jugend unsere Äußerungen als Rechtfertigung für ihre eigene christdemokratisch-apolitische Yuppie-Existenz.

Aber es war gar nicht mal das Schlimmste, daß sie einige unserer mit der Zunge in der Backe hervorgebrachten, antisozialistischen Ausfälle ernst nahmen – denn das taten eh nur die Dümmsten der Jungen. Viel schlimmer war, daß aus dem, was wir als eine intellektuelle Guerilla gedacht hatten (wir befinden uns im geistigen Dschungel immer in jenen feuchten, sumpfigen Gebieten, die der großen unbeweglichen Armee des Feuilletons unzugänglich sind. Wir haben das Volk der Gedanken auf unserer Seite und schwimmen in ihm wie ein Fisch im Wasser), bei den Besten der jungen zur intellektuellen Promiskuität wurde: Wenn ein Gedanke, ein Ideologem nicht willig war, ging man eben mit einem anderen Gedanken ins Bett. Während wir alle unsere Haltungen den Notwendigkeiten einer wie auch immer diffusen Strategie aussetzten, verfuhren unsere Nachfolger nach einem sinistren Lust/Unlust-Prinzip, das jeweils dem Gedanken den Vorzug gab, der sich am willigsten und pflegeleichtesten erwies.

Ich erinnere mich an einen jungen Mann, der mich häufiger in den Räumen der Redaktion aufsuchte, für die ich von 1979 bis 1982 arbeitete. Er lebte irgendwo im flachen holsteinischen Land, und wer Holstein kennt, weiß, daß die dortigen, quadratischen Bauernschädel, vor allem, wenn sie sich als Linke gerieren, jedem aufklärerisch empfindenden Menschen wie pure Barbaren vorkommen. Dieser Jugendliche beschwerte sich oft über die Menschen seiner Umgebung und gab an, daß unsere Zeitschrift und meine Artikel ihm Balsam für seine geschundene Seele seien. Bald konnte man auch von ihm selbst verfaßte Artikel lesen, in denen er auf unbeholfene, aber doch nicht untalentierte Art das, was er von uns gelernt zu haben meinte, in Anwendung brachte. Doch als er dann schließlich bei einer dieser Zeitgeist-New-Wave-Blätter größere Aufgaben zu erfüllen hatte, wurde uns in vollem Ausmaß klar, welche Schlange wir an unserem Busen genährt hatten. Nicht nur, daß der Mann jede ihm verfügbare Zitatenquelle und jede verfügbare Ideologie der hemmungslosen Preisung seiner in Schleswig-Holstein geschundenen Individualität unterwarf, er zeigt plötzlich ganz offen, daß er zwar alle Techniken strategischer Manöver im Kulturbetrieb und auch die unseres Anti-Journalismus erlernt hatte: Ihm fehlten jedoch alle aufgeklärten Grundwerte, deren Erwähnung uns aufgrund ihrer Selbstverständlichkeit obsolet erschienen wären. Der Mann war Rassist, Anti-Humanist und schrieb schließlich in einem Leserbrief an eine Stadtzeitung, daß die bourgeoisen Eliten das Land regieren sollten und machte auch sonst keinen Hehl daraus, daß er rechts von der CDU stand.

## Der dialektische Uhrzeiger

Dieser Typ ist ein typisches Produkt der Unfähigkeit, den dialektischen Uhrzeiger richtig zu lesen. Wer sich an kulturelle Prozesse ankoppelt, muß stets wissen, ob das, was gerade läuft, These, Antithese oder Synthese ist, und er muß dies bis in die Mikroprozesse hinein, aus denen sich die großen Prozesse zusammensetzen, untersuchen. Früher gab es bei kulturell interessierten, jungen Debütanten ein natürliches Gespür für den dialektischen Zeiger. Daß sich dies geändert hat, haben wir ebenfalls uns selbst und der von uns angezettelten Akzeleration kultureller Prozesse zuzuschreiben. Die enorme Beschleunigung von Bewegung und Gegenbewegung, die Inflation der Abgrenzungen in informierten Kreisen, die Langsamkeit der Vermittlung in die Diaspora und die Vermischung subkultureigener und feuilletonadaptierter Begriffe im öffentlichen Leben kann beim jungen Menschen nichts anderes als heillose Verwirrung hinterlassen.

Denn schließlich haben wir beim Versuch, die bürgerlichen Sinnstiftungs-, Problematisierungs- und Soziologisierungsmaschinen ins Leere laufen zu lassen, es geschafft, auch die eigenen Rekruten ins Leere laufen zu lassen.

Doch gehört zur Genese dieses Typus von Subkultur-Rechten, den wir uns prototypisch am Beispiel des jungen Holsteiners angesehen haben, noch mehr als unser eigenes pädagogisches Ungeschick. Um ein junges Mitglied der Bourgeoisie dazu aufzuwiegeln, gegen seine objektiven Interessen als Reederei-Erbe, Brauerei-Erbe oder auch nur zukünftiger (vom Milieu vorgesehener) Manager zu handeln und zu denken, gehört die eindimensional stumpfe Härte und Renitenz der von 68 ausgegangenen Bewegungen, ihr unerfreulich stupider, rigider und eindimensionaler Moralismus – der übrigens das Letzte ist, das von 68 in der sonst so weichen Friedensbewegung überwintert hat. Der junge Bourgeois wurde früher durch solche Bewegungen mit Härte gezwungen, gegen seine Interessen zu handeln und kassierte als Belohnung die Eintrittskarte, die ihm den Zugang zur Subkultur gestattete.

Einem Bourgeois wie unserem holsteinischen Yuppie-Prototyp stehen dank der Inflation von irgendwann einmal taktisch benötigten und nun immer noch kursierenden Attitüden jede Menge Eintrittskarten zur Verfügung, die ihn nicht über die Maße belasten und ihn politisch nicht in die Pflicht nehmen. Zwar hatten sie alle einmal eine politische Funktion, aber selbst, wenn der junge Bourgeois ihre ursprüngliche Funktion im Gewirr von Thesen und Antithesen erkennen sollte, dürfte es ihm ein Leichtes sein, sie dieser Funktion zu entkleiden und sie in seinem Sinne umzudichten. Oder einfach nur aus ihrer dialektischen Verkettung auszulösen.

Der heutige aus dem Popperrest und dem derart un- oder fehlgebildeten New-Waver entstandene Yuppie bestimmt nicht nur vom Erscheinungsbild, sondern auch durch seine Kaufkraft die aktuelle Szene. Er ist ledig, berufstätig, treibt sich in Cafés und Galerien herum und ist die späte Realisierung des von Ortega Y Gasset im Spanien der 30er viel zu früh entdeckten Typus des Señorito.

## Drogen

Warum wollen eigentlich alle eine Eintrittskarte für die Subkultur? Was macht die Subkultur so verlockend, daß die Aussicht auf eine Eintrittskarte unter bestimmten historischen Voraussetzungen große Teile der Bourgeoisie zumindest scheinbar und zeitweilig gegen ihre Klassen- oder Karriereinteressen handeln ließ? Warum steht Wohl und Wehe der Subkultur so im Mittelpunkt, daß dieses Buch geschrieben wird und sogar Leser findet, obwohl es doch von einem sozio-kulturellen Phänomen handelt, daß zumindest in seiner hier beschriebenen ausdifferenzierten Form weniger Menschen betrifft als der Sport des Kegelns?

Natürlich die Musik. Auch wenn Nam June Paik, der große Fernsehmechaniker, einem idealistischen Irrtum unterliegt, wenn er behauptet, die imperialistische Macht der USA beruhe nicht auf ihren Waffen, sondern auf den Rhythmen ihrer schwarzen Musik, so haftet seiner Äußerung doch ein Beigeschmack von Wahrheit an. Nicht, was die Kontrolle der Welt durch Kultur betrifft, sondern was die diffuse und von den verschiedensten Organen und Mächten jeweils für ihre eigenen Interessen eingesetzte Kraft der Pop-Musik betrifft.

Ihre Kraft ist stark und versetzt Berge. Trotz aller Maßnahmen, sie für das eine oder andere einzusetzen, ist ihre Wirkung im Wesentlichen unkontrolliert. Das heißt, daß wir sie immer noch oft und gut für unsere Zwecke einsetzen können und daß sie ebensooft gegen unsere Zwecke eingesetzt wird. Sie ist das Versprechen, das DDR-Bürger ihre Heimat verlassen läßt, aber sie ist auch das Versprechen, daß Jugendliche aus ihren bürgerlichen Elternhäusern herausreißt, dubiose, dumme Maler sich gegen die Leinwand schmeißen läßt, Anarchisten Bomben in Banken werfen und unerfahrene Menschen der Liebe verfallen läßt. Pop-Musik ist das einzige völlig frei verkäufliche Euphoricum.

Diese Euphorie, die aus den Platten, die wir hören und hörten, immer wieder und wieder, heraustropft, läßt uns alles stehen und liegen lassen, treibt uns dazu, uns anzustellen für die Eintrittskarte in das Land Bohemia, das diese Musik produziert und in dem das ganz normale, alltägliche Leben im Zustand dieser Euphorie geführt zu werden scheint, dieser Euphorie, die immer wieder von diesen Lieblingsplatten heruntertropft und so süß schmeckt. So, daß wir uns darin suhlen wollen.

Eine merkwürdige Begebenheit ging meinem ersten LSD-Trip voraus. Ein Freund rief mich an und fragte, ob ich mit ihm einen Trip nehmen wollte. Ich bat mir Bedenkzeit aus und ging zurück in mein Zimmer, wo eine meiner C 90-Cassetten einfach weiterlief. Sie brachte nach ein paar Minuten die LSD-Hymne »Break On Through (To The Other Side)« von den Doors, die sich ja schon durch ihren Gruppennamen mit Aldous Huxleys Mescalin-Essay »Die Pforten der Wahrnehmung« identifizierten. Der euphorisierenden Wirkung des Songs, wie so vieler anderer Songs, die ich liebte, muß eine Handlung folgen, das ahnte ich schon immer. Doch hatten die Handlungen, die ich den Songs folgen ließ, egal ob sie politischer, sexueller oder kultureller Art waren, nie das Euphorie-Versprechen des Songs eingelöst. Ich beschloß aber, angeregt durch die blöden Doors und ihren Song, einen neuen Versuch zu machen und brach dann tatsächlich durch zur anderen Seite (wie sinnvoll auch immer das gewesen sein mag). Und dies war dann das erste Mal, daß die Erfahrung in etwa das Versprechen, das der Song gab, einlöste, weil es eine Drogenerfahrung war.

Eine Regel, die ich später anhand meines Lebens wie auch an dem anderer bestätigt gefunden habe: die Versprechen von Glück, Euphorie, auch großer Verzweiflung, echter Selbstmord-Laune, auch großartiger Gleichgültigkeit, post-coital-joint-Ennui, waghalsiger Verwahrlosung, Dekadenz von Huysmannschen Dimensionen, die von der Pop-Musik in die Welt gesetzt werden, lösen nur die Drogen ein: Kaffee, Alkohol, Amphetamine, Haschisch, LSD, Kokain und Opiate. Ein Großteil der Musik, die uns euphorisiert, entsteht unter Speed. Die großartigsten Kraftakte des Gefühls sind meistens künstlich herbeigeführte. Andere Gefühle, wie die totale Gleichgültigkeit oder das wohlige Ennui, sind das Ergebnis von Heroin-Konsum. Selbst unter der Voraussetzung, daß die Einstellung zu Drogen bei zunehmender Bewußtheit und Intelligenz der Pop-Kultur in Ablehnung umgeschlagen ist, so sind die emotionalen Couleurs, die Stimmungsprofile, die auch die Songs von heute ausmachen, Nachbildungen von Drogenstimmungen, auch wenn das dem Autor oft nicht einmal bewußt ist.

Künstliche Paradiese also. Logisch, andere sind ja auch nicht denkbar. Aber die Dynamik der künstlichen Paradiese führt ihre Einwohner bekanntlich in reale Höllen. Und die sind die einzigen Versprechen der Songs, die das Leben wirklich einlöst. Zum Tom-Waits-Gefühl (»Warum Beer And Cold Women«), zum Jackson-Browne-Gefühl (»Running On Empty«) oder zum Joni-Mitchell-Gefühl (»cynical and drunk, and boring someone in some dark cafe«) langt es allemal, das wirkliche Leben in Bohemia. Und da die Songs seinen Einwohnern gelehrt haben, wie leicht es ist, auch mißliche Situationen bis hin zum nackten Elend zu romantisieren, schreit auch niemand danach, die Illusion von der Euphorie zu zerreißen. Sie alle haben schließlich ihr Leben für Bohemia gegeben, kann man von ihnen erwarten, daß sie sich eingestehen, es für etwas Falsches, Illusionäres gegeben zu haben?

Und haben sie das überhaupt? Sind sie nicht immer noch im Besitz der einzigen, von der Macht nicht wirksam kontrollierten Waffe? Der der Pop-Musik? Der Kunst schlechthin?

## Warum es nicht mehr nötig ist, Hans Neuenfels erschießen zu lassen

Unser größter Feind ist die Meinung. Die Form der Meinung verhindert jede Verbindlichkeit. Immer dann, wenn das Denken die Sphäre der Akademien verläßt und das berührt, was wir die Issues nennen wollen, also das, was uns und die anderen wirklich betrifft, erscheint es sofort in der Form der Meinung, die immer nur eine unter vielen ist. Dafür ist sie ja frei, und eine unter vielen ist sie per definitionem. Die Akademiker glauben, die Weichheit und Folgenlosigkeit der Meinung läge in der Vulgarisierung begründet, die die Theorien erfahren, indem sie als Meinungen an die Öffentlichkeit gelassen werden. Richtig hartes Denken sperre sich gegen die Degradierung zur

Meinung. Das stimmt zwar, ist aber nur die halbe Wahrheit. Denn selbst wenn das harte Denken Zugang hätte zu der Sorte Öffentlichkeit, die heute relevant ist und von der Meinung beherrscht wird, würde es wie Meinung behandelt werden. Abgesehen davon ist hartes Denken in der Theorie kaum noch zu finden und die Stimmung in den Akademien und Universitäten ist agnostizistisch wie noch nie. Alles andere, diese Lektion haben ja heute alle gefressen, führe bekanntlich automatisch zum Gulag.

Der Pluralismus ist ein System, das sich doppelt gegen Verbindlichkeit absichert: Die Publizistik vermittelt sich selbst immer wieder die vermeintliche Wahrheit, daß niemand etwas verstehe. Ein Verbindlichkeiten stiftender Diskurs darf aber nach den ungeschriebenen Gesetzen der BRD-Publizistik nur eröffnet werden, wenn alle verstehen. Der Bildungsnotstand wird von den Medien beschworen, um ihn mittels der eigenen Produkte nur immer weiter zu verschlimmern und dieses Gesetz immer wieder zu beweisen.

Zum anderen sichert sich der Pluralismus dadurch ab, daß er eine Idee nur veröffentlicht, wenn sie als eine unter vielen kenntlich gemacht ist.

Wie dem auch sei: der Feind ist die Meinung. Gut, trotzdem will ich niemanden erschießen. Aber totalitäre Phantasien beherrschen dennoch das Herz dessen, der sich von dem Terror der Meinung beleidigt fühlt. Eine intellektuelle Entsprechung zum Bolshevique Chic der Jungen findet sich in zunehmender Übernahme stalinistischer Sprachregelungen in Hipland, so um 1982. Obwohl wir alle Kriegsdienstverweigerer sind, bereiteten wir innere Schauprozesse vor. Der Höhepunkt meiner stalinistischen Phase war erreicht, als ich im dritten Programm des Südwestfunks eine Fernsehsendung sah, die einen honorigen älteren Herrn und einen mittelalten Affen im Gespräch zeigte. Ein Mann, der die Sätze des Affen vom Deutschen ins Französische und umgekehrt die des Mannes ins Deutsche übersetzte, war als Dritter zugegen. Der Affe war Hans Neuenfels, der bekannte Theaterregisseur, der Mann war Jean Genet. Die Tatsache, daß es diesem Schwätzer erlaubt war, den von mir gar nicht mal so sehr verehrten Jean Genet im deutschen Fernsehen zu interviewen, kann für meinen Zorn kaum ein ausreichender Grund sein. Es müssen Details gewesen sein, an die ich mich heute, circa ein Jahr später, kaum noch erinnere. Die typischen Phrasen und Ungenauigkeiten, wie sie die deutsche Meinungs-Kultur, so sie sich für die Hochkultur hält (von »aspekte« bis »Die Zeit«, von »tip« bis »Schaukasten«), hervorbringt, gepaart mit dem Dünkel, der ihre Protagonisten von Botho Strauß bis Bodo Kirchhoff auszeichnet, angereichert um einige Spritzer Neuenfels-Schnöseltum, mögen mich zu der Tagebucheintragung veranlaßt haben: »Nach der Revolution als erster zu erschießen: Hans Neuenfels.« Seine Lächerlichkeit war auf unerklärliche Weise evident geworden.

Einige Tage später war mir klar, daß der Ekel auch sehr stark durch die Amtsanmaßung des Kulturverwalters, die dieser Herr zu verkörpern meinte, ausgelöst wurde. Es war die Lächerlichkeit, die zwischen dem Anspruch, der sich in Schnöseligkeit und Dünkel unvollkommen, aber möglicherweise wenigstens mit halbseidener Grandezza ausdrückt, und der realen Unwichtigkeit dieser Kulturträgerfiguren klaffte, die diese Figur hassenswert erscheinen läßt, ihre Erschießung, auch im metaphorischen Sinne: ihre publizistische Hinrichtung, jedoch überflüssig macht. Die verliehe ihnen umgekehrt eine Aufwertung, die sie nicht verdient hätten. Als Mitarbeiter einer Werbeagentur hatte ich inzwischen die herrschende Klasse von innen kennengelernt. Je höher die Gehälter, desto stärker das Desinteresse an zeitgenössischer Hochkultur. Was die Leute auf den Beinen hält, ist ein schlecht gemixter Cocktail mieser Popingredienzien, allenfalls mit einem dünnen Zuckerguß von Hochkulturverweisen lackiert. Liedermacher und drittklassige New-Wave-Neue-Wilde sind vorherrschend. Bruce Springsteen und Mick Jagger sind Standard, bei den Feinsinnigen gar die Talking Heads, und überall, oben wie unten, André Heller. Allenfalls bei ausgeprägtem rechtskulturellem Gewissen sammelt man naiv-expressionistische Dissidenten aus der Sowjetunion, persönlich aus Leningrad herübergeschmuggelt.

Tatsächlich ist das einer unserer ganz wenigen tröstlichen Erfolge. Die Pop-Kultur, so dubios sie sein mag, hat entscheidend dazu beigetragen, die alte bürgerliche Hochkultur restlos verschwinden zu lassen. Sie fristet ihr Dasein, äußerlich durchaus im alten Glanz, ohne noch irgendeinen Menschen aufzuregen, ja sie taugt nicht einmal mehr, der Klasse, die sie so lange getragen hat, ihr Selbstverständnis zu erleichtern oder zu fundieren. Industrielle und Manager tendieren eben auch mehr und mehr dazu, auf schlechte Pop-Kultur, sprich: André Heller, denn auf Produkte der Hochkultur abzufahren. Die ist nur noch dazu da, ein ausschließlich auf sich selbst bezogenes System zu erhalten, eine Marginalie des Überbaus, und wir haben insofern gesiegt, als wir nunmehr wissen, daß es auf dem Gebiet nicht einmal mehr zu kämpfen lohnt. Lang leben Hans Neuenfels, Wollschläger und wie sie alle heißen mögen.

## Klatsch als letzte materialistische Waffe gegen die Meinung

Die Meinung als staatstragende Form des Geistes ist logischerweise nicht mit anderen Meinungen zu bekämpfen. Die Ablehnung der Meinung bewirkt nichts, solange sie nicht dazu führt, daß die Meinungen als Rechtfertigungen für alle Handlungen nicht mehr möglich sind. Dies ist aber der Fall, da Meinungen von Metameinungen sich nicht betroffen fühlen. Metameinungen werden gar nicht erst an die Stelle des Systems, über die sich Meinungen verbreiten, herangelassen. Aber das, was an Ungenauigkeit noch unterhalb der Meinungen angesiedelt ist, die unsauberste, vulgärste Ausdrucksform, das Tor zum diskursiven Anarchismus, ist der Klatsch. Eine Ausdrucksweise, der prinzipiell keine Gültigkeit zugestanden wird, obwohl sie von Realitäten handelt und ihre Spielfiguren zweifellos real sind. Klatsch gibt sich von vornherein als nicht relevantes Spiel zu erkennen, und niemand, der von ihm betroffen ist, aber auch niemand, der ihn konsumiert, würde sein Weltbild darauf aufbauen.

Doch dies gilt nur, solange der Klatsch in der Sphäre bleibt, wo er nach althergebrachter Art sein Zuhause hat: in der Welt der Vulgaritäten wie Königshäuser, Sex-Stars und Pop-Kultur. Wird er aber hineingetragen in die Welt der Kultur, entstehen schöne Erfolge beim Vernichten von chronischen Überbauerscheinungen.

Einer der ersten, der konsequent private Informationen über Kulturbeteiligte in die Öffentlichkeit geschafft hat, war der Verleger Jörg Schröder, der in seinen Büchern »Siegfried« und »Cosmic« sowie in mehreren Beiträgen der von ihm herausgegebenen Anthologie »Mammut« genau und unter Nennung voller Namen schildert, wie sein Leben als Verleger und interessierter Zeitgenosse, von allen möglichen Dubiositäten und Lebenslügen, verklärten Ungereimtheiten und dialektisch ineinandergreifenden, persönlichen wie strukturell motivierten Wahrheitsunterdrückungsmechanismen gekreuzt wird. In der Zeitschrift »Sounds«, für die ich zeitweilig als Redakteur arbeitete, führte ein junger Journalist, der als Kid P. schrieb, die Methode ein, die Verlautbarungen der anspruchsvollen Pop-Stars mit ihren privaten Schmutzigkeiten zu konfrontieren, kurz darauf wurde Klatsch in ganz Hipland entdeckt: »Elaste« hielt sich mit Szeneklatsch über Wasser, Stadtzeitschriften publizierten Klatschspalten, die im selben Maße harmloser wurden, wie ihre Funktion vom Verbreiten unterdrückter Wahrheiten zum Erwähnen der vollständigen Namen möglichst der kompletten Leserschaft wechselte. Ganz am Schluß hat dann sogar »konkret« eine Klatschspalte veröffentlicht, eine Art linker »Small Talk«, deren Brisanz ebenfalls nie an die von Gremliza oder »titanic« zitierten Fundstücke bereits veröffentlichter Peinlichkeiten heranreichte.

Eine Bestätigung für die Richtigkeit dieser Strategie erfuhr ich, als Fritz J. Raddatz, sonst durch seine zwanghafte Massenproduktion eher der unfreiwillig anarchistische Überwinder des bürgerlichen Feuilletons als sein Repräsentant, wegen eines Spiegel-Artikels, in dem ich Wolf Wondratschek beschimpfte, in einer Fernsehsendung über die Verrohung der journalistischen Sitten predigte. In der Tat ist es in der letzten Zeit möglich geworden, auch in relativ etablierten Medien anstatt der heruntergewirtschafteten Form der zur Meinung geronnenen Kritik zu einer neuwertigen Form der Beschimpfung überzugehen.

Das Problem mit dem Klatsch und der Denunziation, einer anderen praktischen Form des Nahkampfs, ist das diskursive Umfeld. Ihre Form verführt zum Auslassen der Analyse, und das reine Klatschfaktum, das ja für sich genommen völlig nutzlos ist und nichts besagt, wird dann zum eigentlichen Gegenstand. Der Klatsch leistet in dieser Form reaktionärer Bigotterie Vorschub. Nur wer also eine materialistische Moral beherzigt, kann Klatsch richtig einsetzen, nur als materialistische Waffe ist er tauglich. Doch obwohl er gegenwärtig zum Entertainment für Yuppies und andere urbane Gelangweilte verkommt, sollten wir seine Kunst nicht vergessen. Als A. J. Webbermann begann, die Mülleimer der von ihm verehrten Stars zu durchsuchen, Anfang der 70er, und besonders gern den von Bob Dylan, verließ Pop seine unschuldige Phase. Die selbstquälerische Selbstüberprüfung des Alltagsverhaltens, die innerhalb der diversen sinnlosen kleinen politischen Zirkel der 70er stattfand, verstärkte die Sensibilität für die materialistische Komponente von Klatsch. Nur daß die meisten immer den Fehler gemacht haben, nicht zu beachten, daß in einer widersprüchlichen Welt eine widerspruchsfreie Lebensweise nicht möglich ist: in diesem Verständnis ist dann der Sozialismus deswegen keine so gute Idee mehr, weil man weiß, daß Karl Marx seine Frau geschlagen hat.

Wer beschimpft und denunziert, muß darauf achten, daß er nicht um des privaten Genusses willen denunzieren darf, sondern nur im Interesse des Genusses an der Wahrheit. Und er muß intelligent und weise genug sein, eine gute Lüge, nicht aber eine dumme Wahrheit zu akzeptieren. Die beste Denunziation ist immer die erfundene. Eine böse Denunziation enthält paradigmatisch die Ironie der Stern-Reporterin Evelyn Holst beim Beschreiben einer Hochzeit auf dem Lande.

# Die blutverschmierte Wiederkehr der Dinge

Wir haben gesehen, daß sich die Subkultur vieles vermiest hat. Ihre Inhalte, Stilmittel, Strategien, Techniken, ihr Kampf, ihr Standpunkt, ihre innere Soziologie – alles ist in einem gar nicht einmal so langen Prozeß an eine objektive Grenze gestoßen. Subkultur ist mit sich selbst zum Äußersten gegangen und dann irgendwann gescheitert, obwohl sich die Grundsituation nicht geändert hat. Aber Subkultur kann sich nicht einfach auflösen, Bohemia existiert so lange weiter, wie das System existiert, das Bohemia möglich macht.

Was passiert also? Während in China der pragmatische Deng, in der Sowjetunion der pragmatische Gorbatschow und bald womöglich sogar in Albanien und Nordkorea irgendein Pragmatiker regieren, sollte da auch Bohemia die friedliche Koexistenz mit immer noch unbelehrbaren Hippies, Poppern und Wavern auf der anderen Seite vereinbaren und versuchen, pragmatisch seine inneren Angelegenheiten zu ordnen? Nicht nur, daß es schade wäre, es ist auch nicht einmal nötig. Denn was sich seit zwei, drei Jahren abzeichnet, ist die Wiederkehr der alten, hingemordeten *Topoi* und *Issues*. Seien es punktuelle Befreiung, Sozialkitsch, hilflos nach Freiheit lechzende, pubertäre Sexualität, politischer Weltschmerz, sei es zitierfähig pfiffige Analytik. Sie sind alle wieder da, aber auf eine *andere Art*. Eine Wiederkehr, die nichts mehr mit den von Subjekten verzweifelt planvoll herbeigeführten Zitaten und der Historisierungen künstlerischer Elemente zu tun hat, sondern eine ungeregelte, unlogische, gleichzeitige und ungewollte Wiederkehr der *entlegensten* Stile, Techniken, Bewußtseinsinhalte, Musikrichtungen und Blicke-auf-die-Welt, die blutverschmiert aus ihren Gräbern hervorgekrochen kommen, wütend oder verschlafen, auf jeden Fall nicht sehr bewußt oder intelligent, aber ziemlich wirksam.

Mit ungeschlachten Klauen zerrt die Gegenwart an Sex, LSD und Revolution, kramt sie aus Schubladen und exhumiert sie auf Friedhöfen. Ihre Kinder haben nicht mehr die Überlegenheit und intellektuelle Gewißheit, die die Erfinder des Zitat-Pop hatten, sie ringen im Schlamm mit den Hinterlassenschaften, aber jetzt wühlen sie sich wirklich durch den Dreck. Sie wissen oft nichts von unserem heroischen Programm, sich den Dreck der vorangeganenen Generationen untertan zu machen. Sie müssen es einfach tun, weil ihnen nichts anderes zu tun bleibt. Nicht weil Rock'n'Roll here to stay ist und jedes Kind für die nächsten Jahrhunderte nach elektrischen Gitarren greifen wird, sondern weil Pluralismus, Freizeitgesellschaft, Sinnkrise und Kapitalismus here to stay sind. Nach jedem Durchlauf aller intelligenten Ideen, aller Subkulturinternen Kämpfe und Abgrenzungsmanöver beginnt wieder der große Sturm.

Aber es hat für niemanden von uns Sinn, mit journalistischem Interesse auf das nächste große Ding zu warten, auf die nächste als solche erkennbare Konfrontation zwischen jugendlicher Verzweiflung, die immer berechtigt ist, und dummer herrschender Kultur. Für die Sorte Geschichtsbetrachtung, die alle sechs bis zehn Jahre mit einer großen Revolte rechnet, jede für sich radikaler als die vorangegangene, hat die Geschichte aufgehört, gefällig zu sein. Instinktiv hat das revoltierende Potential dieser Welt begriffen, daß eine Revolte, die als solche kenntlich gemacht ist, von vornherein sinnlos ist. Unsere dialektische Gegenidee der stillen Subversion, die sich in Bands wie Heaven 17 oder Scritti Politti ausdrückte, das Schlüpfen in etablierte Gewänder mit einem *anderen* Bewußtsein hat mittlerweile ebenfalls ausgespielt, wie vorher schon die um das *Weiter!* herumgebauten Ideen von Innovation, sozialer wie künstlerischer Art. Es bleibt uns nichts anderes übrig, als die Dinge und die Issues langsam wiederkehren zu lassen und uns mit ihnen herumzuschlagen. Wir müssen die Historizität, die an ihnen klebt, nicht mehr glorifizieren, noch ignorieren, wir können mit ihr leben und sie dabei langsam vergessen. Wie alles, was selbstverständlich ist.

## Vergessen der Orientierungsdaten

Die Bohemia-interne Geschichtsschreibung, obwohl sie selten eine richtige Schreibung ist, meistens ein archaisch, von Generation zu Generation weitergerauntes Wissen, ist auch vor der Entdeckung der Historizität, schon vor dem Verlust der Unschuld, schon vor dem Ende des *Weiter!*, nicht unwirksam gewesen. Sie kennt einige wenige Daten, aber die werden dafür um so religiöser verehrt. Nach der Ausbreitung des Historismus wurde ihre Nennung inflationär, ihre Verehrung war entfesselt. Die wirksamsten Einschnitte sind die Jahre 68 und daran angehängt, als negatives 68, als Beendigung von 68, das Jahr 77 mit Punk und Mogadischu.

Es hilft der Entwicklung jedes Staatswesens, wenn es sich über sich selbst anhand von Einschnitten bewußt wird. Einschnitte und ihre Verzeichnung machen das Erlebte diskutierbar. Dadurch gewinnt das Erlebte und Erreichte Konturen und kann weiter gestaltet werden. Einschnitte sind, wie alles, was dem Diskutierbarmachen hilft, nützlich und gut. Die europäische Vernunft gruppiert sich um die Implikationen der Jahreszahl 1789. Sie ist an dieser Fixierung gescheitert.

Die Subkulturvernunft definiert sich seit damals negativ wie positiv über die Zahl 68, unter dieser Zahl alles subsumierend, was sie als politischer und kultureller Faktor zu leisten imstande gewesen sein soll. Aber sie vergißt auf diese Weise ihre fundamentalen Uneinigkeiten, ihre Ungleichzeitigkeiten, die Unterschiede zwischen dem, was sie selbst in Bewegung gesetzt hat und dem, was in ihrem Namen produziert worden ist, ohne die innere Beteiligung. Vor allem aber entzieht sich Bohemia durch diese Art der Geschichtsschreibung der Verantwortung für die Nützlichkeit aller ihrer feinen kleinen Erfolge in Jahren wie 65 oder 74, und sie setzt sich einem Denken aus, das nur Fragen zu stellen vermag, die zur Antwort bekommen, daß nach Auschwitz keine Gedichte mehr zu schreiben sind.

Dadurch, daß sich Bohemia in Form von 68 und 77 ihr eigenes Ultimatives gesetzt hat, so wie die richtige Geschichte durch Auschwitz und 1789, spricht sie allen späteren oder unter dieser Überschrift unverständlichen Errungenschaften den Wert ab. Sie produziert amüsante, aber traurige alte Männer wie Jean Luc Godard und andere ewige Trotzkis, die als Symbolfigur von der unendlichen Verzweiflung künden, kurz vor dem Ziel der Errichtung des Paradieses gestürzt und nach Mexiko oder in die Videoproduktion gejagt worden zu sein.

Zwar sind diese Denkmäler schön und wahrhaftig verehrungswürdig, aber sie blockieren das Leben selbst, sie sind die lebenden Mahnmale einer Alles-ist-schon-mal-dagewesen-nach-Auschwitz-sind-keine-Gedichte-mehr-mögliche-Gesinnung. Sie stehen für Regression und unproduktive Traurigkeit.

Manche scheinen zu glauben, der Ausweg aus diesem Dilemma sei die Mythisierung der Bohemia-Geschichte. Anstelle der beweinten, aber gefilmten, aufgenommenen und besungenen Jahreszahlen aus der Wirklichkeit gestaltet man die Geschichte Bohemias zur überzeitlichen Aussage um, erklärt sie zum Mythos. Dies ist paradigmatisch geschehen in dem Film »Stretts On Fire« von Walter Hill. Im Vorspann dieses Films heißt es, er spiele irgendwann und irgendwo. Gleichwohl zitiert der Film historische Rock'n'Roll-Bewegungen, -Uniformen, -Musiken in großer Zahl. Dabei gelingt es ihm, nach der Schwemme an Filmen und Musik, die historisches Material einflochten und instrumentalisierten, bis es in seiner Inflation an zugeschriebenen Bedeutungen irreal und sinnlos wurde, tatsächlich erstmals Pop-Kultur-Elemente von den sie ausmachenden historischen Bedeutungen zu befreien. »Streets On Fire« läßt niemanden mehr aufzählen und analysieren, woher welches Element kommt, dieser Film und seine Nachfolger, wie sie zum Teil auch von Francis Ford Coppola kommen, schaffen es, der Pop-Kultur endgültig das zu nehmen, was sie von bürgerlicher Erbauungskultur unterschied: ihre konkreten, zeitbezogenen, ungefilterten Kommentare.

Da sie konkret und aktuell waren, waren sie wahr, als Mythen sind sie so albern, wie Jim Morrisons Rimbaud-Adaptionen. Andrerseits schafft die Niederlage der Konkretheit, des Referentiellen und Eindeutigen in der Pop-Kultur neue Voraussetzungen: Wenn sie Zeitlosigkeit und Mythologie wollen, können sie das haben. Wir reagieren auf unsere Weise. Die

Abwesenheit des historischen Charakters von Pop-Zeichen, die dieser Film und die ihn möglich machende Haltung als Grundlage einer neuen subkulturellen Sprechweise herbeigeführt haben, kann auch ihre Vorzüge haben. Sie befreit uns von dem Alles-schon-mal-dagewesen-Diskurs. Sie befreit uns davon, daß nach Auschwitz keine Beatniks mehr möglich sein sollen. Sie eröffnet einer neo-naiven Beatnik-Sprache Tür und Tor.

Was wir gelernt haben bis hier ist, daß der erste Versuch von Nachkriegs-Bohemia scheiterte: weitergehen. Doch auch der zweite Versuch scheiterte, bzw. führte sich selbst ad absurdum: zurückgehen und zitieren, den Verlust der eigenen Unschuld als kraftspendendes Erlebnis auszuwerten.


## Jesus und Maria

Ja, was haben wir da, mitten in der Flaute, mitten in so schwierigen und beschwerten Zeiten wie dem Jahr 1985? Die Rückkehr der Liebe, aber an einem anderen Ort, so wie Roland Barthes sich das immer in meinem Lieblingszitat vorstellte? Nein, die heilige Familie ist zurückgekehrt, die heilige Familie als das letzte Refugium von Verbindlichkeit, bevor die neuen Projekte beginnen können.

Erst war es ein sehr bekannter, sehr erfolgreicher deutscher Maler, einer von denen, die sich sehr viel darum kümmern, den Künstler als veredelt abweichenden Megalumpenproletarier in seine alten Rechte wiedereinzusetzen, der bei einer Party davon sprach, nur mit katholischen Mädchen schlafen zu können, insbesondere nur mit solchen, denen ein Kreuz um den Hals baumelt. Picabia, der nicht nur so dumme Dinge dachte, wie den Kopf, der rund sein müsse, damit das Denken die Richtung wechseln könne, fand, vom Standpunkt der se-

xuellen Quälerei aus, weit mehr Gefallen daran, mit protestantischen Mädchen zu schlafen, weil die niemanden hätten, dem sie beichten könnten. Unser Maler glaubte aber, im Verkehr mit katholischen Mädchen einfach einen größeren Grad an Verbindlichkeit ausmachen zu können. Logisch, bei der dem Künstlerleben innewohnenden Promiskuität, auf sexuellem wie auf intellektuellem Gebiet.

Dann kam der bekannte Filmemacher Jean-Luc Godard, der uns ja schon früher begegnet ist, und drehte seinen Film über Maria und Joseph, in dem er nach all dem ausufernden, inflationär phantasievollen Spielberg und Co.-Zeug die ultimative Fantasy-Story verfilmen wollte, den absoluten Crash der unbefleckten Empfängnis.

Der bezeichnendste Popstar unserer Zeit gab sich selbst den angeblich schon bei der Geburt von katholischen Eltern erhaltenen Namen Madonna. Als »Material Girl« habe sie sich durch die Betten wichtiger Musikerpersönlichkeiten geschlafen, um zum Erfolg zu kommen, behauptet die Legende. Heute sagt sie ebenso wie ihre Großmutter – es gebe zwei Sorten von Frauen, Madonnen und eben diese anderen Frauen. Auch sie schlägt Kapital aus der Tatsache, daß sie ihre Laszivität nicht als die selbstverständliche Laszivität permissiver Zeiten einsetzt, sondern als eine nur ausnahmsweise offerierte Laszivität eines anständigen katholischen Mädchens.

Der Katholizismus und seine Wiederentdeckung als Quell ultimativer Verbindlichkeit wie ultimativer Phantasie zeigt, wie desparat die Lage an der Ideologiefront geworden ist. Bisher waren es die Doofen, die man vergessen konnte, die sich in einen Kult flüchteten, der nur nach internen Regeln zu verstehen war. Bisher waren es die Doofen, die künstliche Paradiese erträumten, in der künstliche Heroisierungen der eigenen Aktivitäten möglich wurden. Heute wird jeder in solche Ländereien getrieben, und es ist ein Zeichen von einem Rest Anstand, wenn man sich wenigstens den Katholizismus oder auch, wie ebenfalls Godard, den Protestantismus als das Feld auswählt, auf dem Äußerungen überhaupt noch möglich sind. Die Lage ist vergleichbar mit einem Mathematiker, der, an der Weltformel bastelnd, plötzlich meint, nur noch einfachste Arithmetik könne für sich einen Rest an Gültigkeit beanspruchen. Dies ist die endgültige, aber möglicherweise kurzfristig notwendige Kapitulation vor dem eigenen Wissen, es ist die panisch angewandte Methode des aktiven Vergessens, zum Zwecke der Errettung einer gewissen Seele.

Denn die Alternative zum Katholizismus (oder Protestantismus) ist die Sekte, welcher Art auch immer – nicht notwendig religiöser Natur –, und zwar die schlimmere. Bei der regressiven Bemühung um die Wiedergewinnung von Gültigkeit schleppt sie die Illusion des »Weiter« ein. Alle geschlossenen Systeme sind aber Kirchen. Der Katholizismus als konsequente Fortsetzung desparater Reaktionen wie »Bolshevique Chic« oder »Totalitärer Phantasien« kann für sich die Anständigkeit in Kauf nehmen, nichts zu kaschieren, sich in seiner ganzen Verzweiflung zu offenbaren.

## Inhalts-Terrorismus

Es ist klar, daß die Second-Order-Generation, also wir, ihren fundamentalen Erkenntnissprung hatte, als sie der Mittel und Wege habhaft wurde, die es ermöglichten, die Inhalte zu vergessen. Sie hatte im Grunde dieselben Ziele, wie die vorangegangene Generation, ihr Standpunkt zum Establishment war derselbe, aber sie erkannte plötzlich, daß es formale Gemeinsamkeiten zwischen Verlautbarungen des Establishments und denen des Undergrounds gäbe, die zwar vorgaben, konträren Inhalts zu sein, aber sich der gleichen Sprache befleißigten und einen daran denken ließen, daß da jemand *denen ihr Spiel spielt*.

Es ist unglaublich, wenn man die verschiedenen, individuellen Lebensgeschichten durchforstet, auf wieviel verschiedene Typen der Befreiung – oft nur partiellen Befreiung – vom Inhalt, man trifft. Jeder hat sich da irgend etwas zusammengesucht und nur die Resultate sind vergleichbar. Von den rigiden K-Gruppen-Genossen bekamen die Betreffenden oft sehr bald den Vorwurf des bürgerlichen Ästhetizismus zu hören, und viele von ihnen endeten irgendwann in der einen oder anderen Ausformung von New Wave.

Zwischendurch war alles erlaubt: Gedichte von Apollinaire und Gottfried Benn, Celines »Reise« und Flauberts »Bouvard und Pecuchet«, Prousts »Recherche« und das eine oder andere von Döblin, Musil, Dos Passos oder Arno Schmidt, aber auch Frauenliteratur, Schwulenliteratur. Kurz, all die neu eingerichteten und inzwischen natürlich unerträglich gewordenen Nischen für bürgerliches Anderssein, Anderswahrnehmen, waren tauglich, um – über eine Art von Formalismus – gegen eine zu primitive Aussöhnung von Widersprüchen in allen herrschenden religiösen Polit-Systemen Widerstand zu leisten. Daß Individualismus in der Regel ein Privileg der herrschenden Klasse ist und ein klassischer Versuch, Bewegungen und Anschauungen anzuleiern, die den Klassenkampf auf Nebenkriegsschauplätze abdrängen (was später der Feminismus oder die Schwulenbewegung taten), war zwar vielen klar, und auch Hesse hatten damals die Besten überwunden, aber trotzdem war und ist aus diesem ursprünglich einmal von einem Individualismus bedingten Formalismus noch etwas herauszuholen, eine Art von Lumpen-Individualismus, den wir noch brauchen werden.

Autoren wie Döblin oder Kafka hatten gezeigt, daß Individualismus nicht nur eine Funktion herrschender Dekadenz war, sondern daß in den Randzonen des Lumpenproletariats und der Lumpenintellektuellen ein anderer Individualismus als Funktion der Entfremdung entstand, der nicht abzulehnen und in Umerziehungslager zu stecken ist, sondern auf dem sich letztendlich das gründet, was in aller Widersprüchlichkeit das Fundament für den Beatnik darstellt.

Dieser aus Entfremdung geborene Individualismus, der sich im Formalen durchsetzen wollte, war einer Partei, die sich um die Agitation und die revolutionäre Kraft des Proletariats bemühen wollte, natürlich nicht zu verkaufen. Aber hatten wir möglicherweise damals schon geahnt, daß wir bald in Zeiten leben würden, in denen es kein Proletariat mehr geben würde, aber als Folge sozialdemokratischer Bildungspolitik auch keine intellektuelle Elite mehr? Statt dessen ein wachsendes Heer von Lumpenproletariern (Punks) und Lumpenintellektuellen (halbgebildete, freche, arbeitslose Patchwork-Intellektuelle)?

Schon möglich. Logisch, daß bei weiterer Profilierung unserer historischen Mission der Formalismus und seine Folgen wieder fallen mußte, zumal die ehemals anti-individualistische Linke plötzlich spontan und später grün wurde und einem entsetzlichen, kollektiven, befohlenen Individualismus frönte. Das Folgenlos-Schöne, wie es von André Heller bis Bob Dylan, von Fellini bis Wenders plötzlich die ganze, aus unseren rigidesten Genossen hervorgegangene Halfzware-Bewegung forderte und genoß, war ein degenerierter Formalismus, ein Tribut des Inhalts, eines Inhalts, der nie etwas von seinen Formen gewußt hat, an den unterdrückten Seufzer der Anhängerschaft nach Form. Er mußte degeneriert ans Tageslicht kommen, weil niemand sich vorher um die Notwendigkeit eines adäquaten Formalismus bemüht hatte.

Es war daher so zum 79 unser neues Ziel, die Notwendigkeit von Inhalten wieder zu unserer Forderung zu machen, auch wenn die Forderung erst richtig an Kraft gewann, als die Linken von der Bildfläche verschwanden. Vorher versuchte ich mehrere Uni-Semester lang, einem linken Auditorium den als rechtsradikal verschrieenen Dichter Gottfried Benn als Linken zu verkaufen. Ich versuchte dafür ein letztes Mal die Begriffe Form/Inhalt zu vermeiden (sowie es unser mittlerweile philosophisch französelnder Formalismus verlangte) und den Umweg über Signifikant und Signifikat zu gehen. Meine Dozentin, die spätere Spitzenfunktionärin der Grünen Manon Maren-Griesebach, die sich bei Vorlesungen Althussers – unser Superhero: Marxist und Foucault-Anhänger und schließlich auch noch so wahnsinnig, seine Frau, die für ihn die Partei verkörperte, umzubringen – gelangweilt zu haben angab und die in den 80ern ein Buch über die Philosophie der Grünen auf den Markt brachte, meinte in ihrer sonoren, saloppen Art: »Warum nicht gleich Form und Inhalt sagen.« Zwar war das eine sachlich nicht korrekte Gleichsetzung, aber sie war mir psychologisch auf der Fährte. Um dem Problem zu entweichen, war ich wie so viele damals in die Welt der französischen *Poesie der Begrifflichkeit* geflohen.

In allem anderen hatte ich Recht: Gottfried Benn ist in der Tat ein potentieller Marxist, den die Marxisten nicht verstanden hatten, für sich zu gewinnen, dem sie immer nur ihre dümmste Fresse zeigten. Sein Formalismus war eine von mehreren in diesem Jahrhundert entstandenen Formen von Produktion, die es nach vielen Verbesserungen im Laufe der Zeit möglich machen werden, das größte kulturelle Projekt von uns allen anzugehen, den Abbau des Überbaus.

Die Notwendigkeit von Inhalten, gleichzeitig die Erkenntnis, daß die Fundamente lumpenintellektueller Selstdefinition auf einem Formalismus gegründet waren, definieren unseren heutigen Standpunkt zu dieser Frage. Die Zeit, als wir meinten, es sei zu platt, diese Begriffe überhaupt zu gebrauchen, ist vorbei. Wir brauchen sie gerade, weil sie platt sind. Metakommunikation ist zur Zeit an allen Fronten damit beschäftigt, die Regeln und die formalen Bedingungen von Kommunikation dahingehend zu analysieren, daß Dynamik und Verantwortlichkeit zugunsten von überpersönlichen Systemen zugrunde gehen. Der Rückgriff auf den Inhalt, zu einem Zeitpunkt, als wir alle längst schon der Form verfallen waren, war daher nötig.

Eine Kreuzung aus aktivem Vergessen und vergeßlichem Aktionismus. Wir sagen heute: Wir brauchen immer noch eine Kunst, die zumindest von der Notwendigkeit von Inhalten überzeugt ist, auch wenn sie keine kennt. Wir brauchen aber weiterhin die formalistische Eigenbrötlerei, die uns geprägt hat, denn sie ist das Material, der Lehm, aus dem wir bestehen.

# Frauenfrage revisited

Die Frauen könnten sowohl die Opfer wie die Gewinner des Formalismus werden. Seit sie befreit sind, begreifen sie sich nur noch als autonome Entitäten, die lediglich durch die Erfahrungen, die sie machen, Gültigkeit und Verbindlichkeit gewinnen wollen. Das Elend der zeitgenössischen, ›bewußten‹ Frauen ist, daß sie Empiriefetischismus betreiben und dabei nicht wissen, was die Empirie eigentlich beweisen soll. Meistens – und ich beziehe mich hierbei auf neuere Erzeugnisse der Frauenliteratur (von Saskia Vester bis Angelika Stark) – beweist ihnen die Erfahrung lediglich ihre Autonomie, die Tatsache, daß sie, alleine und geworfen, sehen müssen, wie sie in dieser Welt zurechtkommen. Es ist vom Ansatz her klar, daß es so kommen mußte. Die Frauenbewegung ging und geht aus derselben Bohemia hervor wie alle anderen Subbewegungen, mit denen wir es hier zu tun haben. Aber sie entwikkelte analog zur Arbeiterklasse die pathetische Idee, von einer weit über die Grenzen Bohemias hinausreichenden Mission erfüllt zu sein. Aus hohen Ansprüchen wird leicht unverbindliche Milde, je größer der Kreis der Anzusprechenden und zu Agitierenden wird, desto schneller unterwirft man sich von *denen* gemachten Diskursen und endet natürlich stark entfremdet und mit Intensitätsdefizit in Selbsterfahrungsgruppen und Sekten.

Der Fehler war, daß sich die Frauenbewegung nie als eine Bohemia-interne Gruppe verstand, als solche hätte sie die Funktion gehabt, unter den Voraussetzungen, daß in Bohemia, wie gesagt, die Verhältnisse für Frauen ohnehin anders waren, als eine Art Avantgarde der Lumpenintellektuellen zu arbeiten, als Avantgarde des im guten, nicht clownesken Sinne Verschrobenen. Da aber die moderne Frau in eine Richtung driftet, wo sie alle (außer den individuellen, nahezu zufälligen Determinanten ihrer Existenz) Fremdbestimmungen ablehnt

und nur noch um die Autonomie des Einzelwesens kämpft, tappt sie in die Falle des Existentialismus, ist inzwischen nur noch geworfen ohne Verantwortung und Verbindlichkeit. Wie einst die schlimmsten Hippies; nur noch legitimiert durch die Intensität ihres individuellen Daseins.

Der Kampf um den Zugang zum Diskurs ist der wichtigste Kampf, den die Frauen zu führen hatten, und sie haben trotz des bisher Gesagten einige Erfolge erzielt. Den ultimativüberzeugenden Eindruck vom Sieg der Frauen habe ich in London erhalten, als ich Frauen in verschiedenen Avant-Discotheken als DJs sah. Platten auflegen zu können, ist der entscheidendste Durchbruch in von Männern besetzte Gebiete des Diskurses. Alles Gerede über das, was Frauen auch können (Musik machen, Schreiben, Malen etc.) verblaßt vor der Tatsache, daß Frauen jetzt auch Platten auflegen können. Und macht die Vorstellung, daß Frauen irgend etwas *auch* können so lächerlich.

Frauen sind am leichtesten von allen Sektionen des Hip-

Kampfes für die Verlockung empfänglich, die Niederlage zu verklären und aus der verklärten Niederlage eine Ästhetik zu basteln. Sie gleichen darin verlassenen Männern und den großen Männern, die irgendwann einmal die Revolution anführten. Sie gleichen Exilanten, die vor anderen Exilanten in Exilanten-Kneipen auftreten. Doch es ist der Zeitpunkt zu ahnen, wo sie aus ihrer Entfremdung eine knorrige, selbstverständliche Avant-Ästhetik ableiten werden. Möglicherweise werden sie es sein, die nachdem alle anderen Ideen blutverschmiert, als Zombies auf die Erde zurückgekehrt sind, die wichtigste Idee blutverschmiert in ihre Arme nehmen können, die Idee des *Weiter*. Aber die wird natürlich besonders stark stinken.

Frauen denken sich heutzutage wider besseres Wissen als autochthone, autonome Einheiten, sie denken sich nie als determiniert und auswechselbar. Daher rühren ihre Irrtümer und das spezifisch weibliche, triviale Elend eines gescheiterten und zum Scheitern verurteilten Individualismus. Andrerseits haben sie als die einzig wirklichen Autonomen, die sie sind, weil an ihrer Geschichte und ihrem theoretisch nie befriedigend und wirksam überhöhten Anliegen kein Blut klebt, noch immer die Chance, die Lumpenintellektuellen der Zukunft anführen zu können. Oder den Lehm anzurühren, aus dem die avantgardistischen Verschrobenheiten geformt sein werden.


# Klassenfrage revisited

Wir haben von den Hipstern und den Hip-Intellektuellen, als dem Sujet und dem Maler des Selbstverständnisses von Bohemia gesprochen. Wir können noch einmal darüber reden, wenn wir von den Gebildeten und den Ungebildeten erzählen, von

den Kindern, die schon in ihrer Jugend nur Trivialitäten um
die Ohren gehauen bekommen haben und denen, die bewußt
zu den Trivialitäten des Pop geflüchtet sind, um in ihnen wieder nur etwas zu finden, das so untrivial ist, wie nur irgendwas
in der Geschichte der Hochkultur.

Diejenigen, die direkt auf der Schiene der Trivialität, quasi als
unschuldige Hipster, nach Bohemia einreisten, wie es in Bowies
»Suffragette City« so schön beschrieben wird, sind gerade
wegen ihrer Direktheit, ihrer Dynamik gefragt, sind gefragt,
weil ihr Gehirn keine Umwege geht. Aber sie entdecken durch
ihre Bestätigung von den Intellektuellen in Bohemia, daß es
mehr gibt im Leben als drei dynamische Akkorde und ein paar
fesche Frauen. Gerade sie werden prätentiös und verraten gerade das Aktuelle, Schnelle und Konkrete an die herrschende Rationalität des Establishments. Für sie sind die von den
Bürgerkindern nach Bohemia eingeschleppten bürgerlichen
Bildungsgüter für die unbürgerlichen Kinder das Mittel, ihre
geistige Herkunft zu überwinden, *weiter* zu gehen. Nach meh-

reren Generationen ist der von ihnen verehrte, abgesunkene bürgerliche Kitsch ein beständiger, kaum Anfechtungen unterworfener Bestandteil von allen Subkulturen, egal ob er sich in Klassik-Rock oder in der ungebrochenen Verehrung für einige, sehr schlechte, neo-romantische oder existenzialistische Schriftsteller äußert.

Auf der anderen Seite fasziniert den jungen, bürgerlichen Intellektuellen die Aussageweise des Pop, weil sie Evidenzen hervorbringt, die jeden pluralistischen Relativismus entkräften. Er affimiert das Unprätentiös-Direkte und verachtet natürlich den mit halbgaren Bildungsgütern versetzten Kitsch, der dem ähnelt, was er in seinem Elternhaus respektive seiner Klasse verlassen zu haben glaubt.

Aus diesen seit Generationen konkurrierenden Kräften haben sich, inzwischen und natürlich auf einem sehr viel sophisticatederem Level, zwei Formen kulturellen Widerstandes entwickelt, die sich immer weiter hochschaukeln. Nur wer die Seriosität der Hochkultur erfahren hat und mit vollen Zügen in sich aufgenommen hat, kann den Glamour des Zitat-Pop als subversive Form wahrnehmen; nur wer in kulturellen Einöden aufwuchs, wird romantischen Platitüden über die Pubertät hinaus noch eine Essenz von Lebenshilfe entnehmen können.

Nun bleibt es aber oft nicht auf dem Niveau der romantischen Platitüde. Interessanterweise ist im Laufe der Zeit die Kritik und die Literatur in die Hände der einen Hälfte, Glamour und Affirmation in die Hände der anderen Hälfte der Subkultur geraten, unabhängig von der Qualität der beiden Sets von Ausdrucksmitteln.

Dabei sind auch die Besitzer der jeweiligen Sets klassenmäßig nicht mehr so klar auseinanderzudividieren, Menschen, Gruppen und Ausdrucksmittel wechseln in letzter Zeit – Akzeleration!! – immer schneller ihre Zugehörigkeit. Fest steht heute, daß die vermeintlich rebellischen Attitüden der Pop-Kultur in erster Linie Rebellion gegen den jeweils anderen Teil Bohemias sind. Andererseits steht fest, daß sie vor allem demjenigen als besonders subversiv vorkommen, der seine Hoffnungen und sein Herzblut vorher auf die jeweils andere Strategie gesetzt hat. Wer 82 Pop ABC, Affirmation und Girl Groups liebte, war möglicherweise vorher ein besonders renitenter Anhänger von irgendeiner Art Bohemia-produzierter Erbauungskultur. Wer die großen literarischen Einzelnen der Pop-Geschichte lieben lernt, mag vorher mitten im irrelevanten Teenie-Pop gesteckt haben.

Fest steht, daß nur zählt, was einer als zweites und drittes, was dann auch immer das Zweite ist, liebt. Die erste Liebe zählt nie, es sei denn sie gewinnt als dritte Liebe ihre wahre Bedeutung. Aber nur, wer die Distanz eines einmal Enttäuschten hat, kann eine Kunstform gewinnbringend einsetzen, kann relevante Äußerungen machen, hat die Fähigkeit zur Synthese.

Madonna, der vielleicht interessanteste, breitenwirksame Popstar unserer Tage, bezieht seine Spannung aus einem glamourösen Katholizismus (der vielleicht die letzte Chance bietet, gültige und verführerische Aussagen zu machen) und einem nicht minder in die Öffentlichkeit geblasenen Pragmatismus. Es ist interessant, daß sie mit dieser Mischung die Nachfolge Boy Georges als bezeichnendster Pop-Star der vorhergehenden Epoche antreten konnte. Während Boy George die letzte und konsequenteste Ausdrucksform der Historizität wählte, geht Madonna den umgekehrten Weg. Anstelle von funkelnder Komplexität setzt sie, ganz in der Tradition des amerikanischen Rock-Pop-Verständnisses, Eigentlichkeiten. Aber neue Eigentlichkeiten, nicht mehr die eines Bruce Springsteen oder Bob Seeger, die die ahistorische Eigentlichkeit des weißen Outlaw besangen, und das zumindest im Falle Springsteen immer noch mit viel Erfolg tun, sondern diese neuen Eigentlichkeiten, die sich genausowenig transzendieren lassen: Pragmatismus und Katholizismus. Die ultimativ konservative Mischung, die sich aber so sehr aneinander reibt, daß derjenige, der bis zum Überdruß den süßen, funkelnden Komplexitäten des Boy George gelauscht hat, in ihr eine herbe, realistische Qualität zu schätzen lernt.

Glanz und Glamour als die Lüge, die die Wahrheit sagt, und dann wieder Realismus und Simplizität als die noch perfidere Lüge, die möglicherweise noch härtere Wahrheiten sagt. Bürgerlicher Überbau und proletarische Erfahrung, Lumpenintellektuelle und Lumpenproletariat. Die Gegensätze, die das System Subkultur am Laufen halten. Immer. Unabhängig von der Wirkung, und vernachlässigbar für die Wirkung, die dieses System in die richtige Welt abstrahlt.

# Beat-Kitsch

In Madonna haben wir das postmoderne Wesen gefunden, die artifizielle Konstruktion, die Wollen und Wissen des Yuppie auf den Punkt bringt und dadurch diskutierbar macht und überwindet. Daheim im Untergrund finden wir uns wieder mit unseren blutverschmierten Issues und alten Dingen, die uns um die Ohren fliegen wie Schrapnelle. Jemand wie Madonna macht uns klar, was wir heute zu tun haben und wo wir heute weitermachen müssen: Beim Kitsch. Denn sowohl Madonna als auch Boy George sind, ideologisch abweichende, aber jede für sich sehr unkitschige, intellektuell verdauliche Beschreibungen dieser Welt. Wie auch immer man sie einsetzt, ihre Beschreibungen der Welt erfüllen alle Bedürfnisse eines Historikers. Für uns kommt es aber gerade darauf an, dem postmodernen Yuppie-Wesen, das sich alle Eigenschaften unserer progressiven Pop-Stars angeeignet hat, nämlich das Herstellen diskutierbarer Simpel-Szenarios, die Aktualität, die

Konkretheit, den Materialismus, etwas entgegenzusetzen, was weder simple Negation noch das seinerzeit bei den Talking Heads und später Heaven 17 eingesetzte Vertrauen auf die subversive Kraft der Affirmation (»Don't Worry About The Government«), ist.

Es kommt darauf an, den Yuppie da zu packen, wo er unser Feind wird. Da, wo er das aktive Vergessen genau einen Schritt zu weit getrieben hat und damit das Auferstehen der subkulturellen Sinnstiftungszombies bewirkte. Da, wo er das Soziale, die gemeinsame soziale Sache, entweder durch hemmungslosen Egoismus oder durch imperialistische Kollektive, wie »USA For Africa« ersetzt. Und an dem Punkt begegnen ihm junge Bands wie Green On Red erst einmal ganz direkt mit Sozial-Kitsch (Songs über Bag Ladies und Nachbarschaftsal-

Albert Oehlen, Rock'n'Roll Beerdigung, 1985
Öl auf Leinwand, 190 × 240 cm

Jutta Koether, Straight Girl, 1983 Öl auf Leinwand, 30 × 40 cm

koholiker), um überzuleiten zu einem konsolidierenden Underground-Kitsch, der das Fundament legen soll für die Einheitsfront von Lumpenproletariern und Lumpenintellektuellen.

Aber wenn wir an diese Einheitsfront denken, löst das unser Problem lediglich auf soziologischem Gebiet. Wir haben die freudige Gewißheit, daß es an Lumpenintellektuellen und Lumpenproletariern in der Zukunft nicht mangeln wird, wir ahnen so etwas wie die Allianz von Motörhead und Free Jazz, Heavy Metal mit Peter Brötzmann, aber wir wissen noch nicht, was diese Einheitsfront für eine Aufgabe hat, und warum sie den Beatnik-Sozial-Kitsch der Gegenwart braucht, um sich zu konsolidieren.

## Ontogenese und Phylogenese

Die Geschichte der Gattung (Phylogenese) wiederholt sich in der Geschichte des Einzelwesens (Ontogenese). In unserer Generation hat sich die ganze Geschichte der Subkultur noch einmal abgespielt, nicht immer in der chronologisch richtigen Reihenfolge, aber verdammt vollständig. Die losen Enden und monströsen Hinterlassenschaften dieses Vorgangs – Frauen, die immer nur sich erfahren wollen, Yuppies, die gewissenlos den dialektischen Uhrzeiger ignorieren, Lumpenintellektuelle und -proletarier, die alle kognitiven Dissonanzen aus ihrem Verhältnis von Wünschen und Bewußtsein herausinterpretieren wollen, um sich wieder ganz und geschlossen als Kämpfer fühlen zu können – ihnen allen soll der neue soziale Kitsch inklusive Dylan-Revival und allem, was dazugehört, wie eine lang vermißte Heimatglocke im Ohr bimmeln, auf daß sie ein Tränchen hervorquetschen.

Denn das, wogegen wir immer gekämpft hatten, der Schmusedecke-Effekt der Subkultur, ist das Ferment, das jetzt, wenn auch in Second-Order-Form, noch einmal injiziert werden muß, damit wir über die Wiederholung der Phylogenesen hinausgehen können (*Weiter?* – *Weiter!*). Sagen wir artig der Mutter auf Wiedersehen, einer Mutter, die aussieht wie die von

Barry Lyndon, und machen wir unser Glück in Preußen und England. Auch wenn wir dabei am Ende zerzaust zurückkommen werden, ohne Bein und Geld. Das ist dann noch mal die Phylogenese, in der extended version.

Der soziale Beatnik-Kitsch erinnert noch einmal alle daran, wo wie hergekommen sind oder zumindest hergekommen sein sollten: aus einer ehrlichen, bürgerlichen Empörung. Gut, daß es dabei nicht geblieben ist, aber schrecklich, diese Herkunft zu vergessen. Daher lassen wir uns tumb und gedankenlos in den Beatnik-Kitsch fallen, wühlen in seinem lehmigen Matsch, dem letzten und endgültigen Dreck, und kommen daraus hervorgekrochen als die postmodernen Beatniks. Denn letztlich wird es dieser Name sein, der alles als Untertitel zusammenfassen kann: Beatnik. Ein mehrfach gebrochener, durch alles hindurchgegangener, auch gebrochen marxistischer Lumpenintellektueller, der nun mit der Aufgabe beginnen kann, die sich für uns als Arbeiter der Stirn für die Zukunft stellt: Der Abbau des Überbaus.

# Der Abbau des Überbaus

Viele Leute fragen immer: Wozu ist das gut? Und: Wie soll das gehen?

Wozu das gut ist: Wir alle wollen das Gequake nicht mehr hören, wir wollen nicht länger Zeuge der Sinnstiftung qua Kultur sein. Wir alle wissen, daß wir nur einem entsetzlichen Geflecht der Lüge zuschauen, daß die Wahrheit zudeckt. Unser Ethos als Kulturarbeiter ist es, der Wahrheit zu helfen. Aber was die Wahrheit ist, wissen wir nur ex negativo: das Gegenteil von Kultur.

Es hilft keine nostalgie de la boue, kein Primitivismus, logischerweise. Jeder kann die verlogene kulturelle Funktion solcher Strömungen durchschauen, auch wenn das Benutzen dieser Dinge möglicherweise irgendwann richtig ist. Wir wollen ja auch nicht in einen prä-kulturellen Zustand, wir wollen, eben doch, *weiter*. *Weiter* als die Postmoderne, wir wollen zur Post-Kultur. Wir stellen uns die Wahrheit nach dem Abbau des Überbaus wie einen schönen Körper vor, der nackt im Sand liegt, oder wie einen Teller Götterspeise, der autonom vor sich hinwackelt. Die Wahrheit wird eine materialistische sein (oder sie wird nicht sein).

Wie also soll das gehen? Und warum habe ich denn so gegen das Verschwinden der Gegenstände protestiert, wenn wir ihre Repräsentation in Form von Kultur selbst verschwinden lassen wollen.

Das Verschwinden der Gegenstände, sei es in den verschiedenen Minimalismen, Reduktionismen, Buddhismen und der Krise der modernen Physik, war ja ein Ergebnis einer ähnlichen Sehnsucht, die Lüge zu töten. Nur, daß diese Sehnsucht über individuelle Heilungs-, Erlösungswünsche fehlgeleitet wurde. Wer glaubt, er könne helfen, wenn er sich der schmutzigen Kultur prüde entzieht, ist ein Feigling, aber er kann nicht helfen. In Jean Baudrillards Philosophie wird die Produktion im weitesten Sinne abgelehnt. Diese elaborierte Ablehnung der Produktion ist der letzte und entscheidende Schritt auf dem Irrweg, das letzte Ergebnis eines Kulturekels, der sich eben das zu sein, ein Ekel, nicht eingestehen will.

Das Gegenteil ist zu tun: Die Produktion muß angekurbelt werden. Dabei muß man sich ein Prinzip zunutze machen, daß wir sowohl im Formalismus, dem der zu Verschrobenheiten führt, als auch in den konstatierten Aufsplitterungen der Jugendszene gefunden haben. Der konventionelle Individualismus und sein Gipfeln in künstlerischen Richtungen wie der der individuellen Mythologien, wird nicht nur immer in seiner Bürgerlichkeit befangen bleiben, sondern darüber hinaus nur dazu dienen, eine Denkrichtung polizeilich registrierbar zu machen. Der neue Individualismus ist weiter, denn er spricht

nicht mehr nur für ein Individuum. Er macht sich die Zwangs-
neurose des Kulturbetriebs, soziologistisch nach Gruppen,
Trends und Strömungen zu fahnden, zunutze und behauptet,
wie verschroben er auch immer sein mag, stets für eine Gruppe zu sprechen. Bis so viele zu Tribünen imaginärer Völker
gewordene Individuen ihre Individual-Diskurse als Gruppen-
und Sektendiskurse relevant und verbindlich gemacht haben
und dadurch eine solche Multiplikation von ›relevanten‹ Aussagen geschaffen haben, daß das kulturelle System überladen
zusammenbricht.

Eine Horde machiavellistischer Fürsten ohne Volk übernimmt
die Macht. Die Welt derart mit Verbindlichkeiten zugeschüt-
tet, stöhnt einmal kurz auf, um dann die Wahrheit freizuge-
ben.

Unmöglich?

Selbst wenn es nur gedacht werden kann als Utopie, der man
sich bestenfalls asymptotisch annähert, ist doch dieses Spiel
maßgeblich für die Verhaltensweisen des postmodernen Beatniks und Lumpenintellektuellen gegenüber der Kultur. Er be-
gehrt sie, die Kultur. Erst will er nur mit ihr spielen, dann will
er mit ihr schlafen. Dabei muß er ständig an ihre Vernichtung
denken. Er wird sie vielleicht nie vernichten, aber er wird ihre
Vernichtung ewig anstreben, als den Zustand der herrschte,
bevor sie, die Kultur, in sein Leben trat. Und mit Jeffrey Lee
Pierce wird er denken: »We can fuck forever, but you will never get my soul.«


# Nachwort

Ich mag weder die, die sagen, sie gehörten keiner Schule oder
Partei an, noch habe ich je Spaß daran gehabt, in der Termi-
nologie einer Schule oder Partei zu denken. Ich habe dieses

Dilemma zu lösen versucht, indem ich mit den Stimmen und Argumenten verschiedener, von mir geschätzter Schulen und Parteien gesprochen habe. Dieses Buch ist ein Monstrum, geboren aus der Haßliebe zur Kultur. Denn man kann zwar Sorge tragen, daß einem die Kultur nicht die Seele raubt, aber man kann nicht verhindern, daß sie schwanger wird.

# Register

ABC 37, 41, 91, 130f., 172
Albrecht, Ernst 125f., 136f.
Althusser, Louis 52, 165
Andropov, Juri 122
Appolinaire, Guillaume 72f., 163
Associates, The 42
Ayers, Kevin 105

Band, The 81
Bangs, Lester 69
Bankhead, Tallulah 17
Barks, Carl 104
Barthes, Roland 41, 52, 160
Baselitz, Georg 85, 87
Baudelaire, Charles 72
Baudrillard, Jean 52, 178
Beach Boys 124f.
Beatles, The 71
Benjamin, Walter 50
Benn, Gottfried 19, 74, 163, 165f.
Berendt, Joachim Ernst 136
Bernhard, Thomas 120f.
Berrigan, Ted 72f.
Bhagwan 27, 127, 140
Bhaktive, Danta, A. C. 140
Blake, William 72, 118
Bömmels, Peter 86
Bovary, Charles 37
Bowie, David 48, 66, 87, 170
Boy George 17, 87, 131, 172f.
Brandt, Willi 18, 20
Breshnev, Leonid 122
Brik, Ossip und Lilja 69
Browne, Jackson 148
Brötzmann, Peter 176
Buckley, Tim 105
Bülow, Hans von 69
Büttner, Werner 86

Buddha 27
Bukowski, Charles 82
Buzzcocks 43
Byrds, The 81
Byrne, David 137

Cale, John 105
Camus, Albert 72
Capra, Frithjof 138
Captain Beefheart 20, 50, 105,
   118
Carvalho, Otelo De 47
Castaneda, Carlos 117, 139
Celine, Ferdinand 163
Chilton, Alex 105
Clapton, Eric 75
Coltraine, John 24, 75, 118
Cooper, Alice 15f.
Cream 74f.
Creely, Robert 72f.
Crisp, Quentin 17
Culture Club 91, 130f.
Cure, The 129

DKP 32f.
Dahn, Walter 86
Davis, Miles 22, 24
DeKooning, Willem 23
Deleuze, Gilles 52f.
Depeche Mode 125, 136
Derrida, Jacques 52
Derringer, Rick 15
De Ville, Mink 48
De Vries, Gerd 118
Dexy's Midnight Runners 125, 136
Döblin, Alfred 19, 163f.
Dokoupil, Jiri Georg 74
Doors, The 17, 33, 37, 74, 146f.

Dos Passos, John 163
Dostojewski, Fedor M. 72
Duck, Donald 32, 104
Dylan, Bob 82, 154, 165, 176

Eckermann, Johann Peter 68
Einstürzende Neubauten 120
Elli (Medeiros) 49
Endart 88
Engels, Friedrich 68
Eno, Brian 94, 133, 136 f.
Eurythmics 132, 136

Fanon, Frantz 50
Fassbinder, Rainer Werner 67
Fellini, Federico 165
Ferlinghetti, Lawrence 72
Flaubert, Gustave 163
Ford, John 81
Ford Coppola, Francis 159
Foucault, Michel 52, 112, 165
Frankie Goes to Hollywood
  110
Friedrich, Heiner 118
Fuchs, Dr. Erika 104
Fugs, The 73, 125

Garcia Lorca, Federico 72 f.
Gartside, Green 129
Genet, Jean 150
George, Stefan 67
Ghibran, Khalil 37
Gilbert & George 65
Ginsberg, Allen 37, 72
Glotz, Peter 139
Godard, Jean-Luc 49 ff., 116,
  158, 161 ff.
Goll, Ivan und Claire 69
Gorbatschow, Michail 122 f., 155
Grandmaster Melle Mel 115
Grateful Dead 17, 22, 72

Green on Red 174
Greiner, Ulrich 118
Gremliza, Herrmann L. 153
Groß, Johannes 34
Guattari, Felix 52 f., 141

HSV 76 ff., 128
Haien, Hauke 80
Haircut 100 42, 91, 129
Hamsun, Knut 19, 74, 82
Heaven 17, 42, 157, 174
Hegel, Georg Wilhelm
  Friedrich 85
Hell, Richard 48 f.
Heller, André 151 f., 165
Hesse, Hermann 37, 72, 164
Hill, Walter 159
Hodscha, Enver 123
Holst, Evelyn 154
Human League 125, 135
Huxley, Aldous 147

Immendorff, Jörg 86
Irigaray, Luce 52

Jacno 49
Jagger, Mick 125, 151
Jarre, Jean-Michel 48
Johnson, Linton Kwesi 102

KPD 20
KPD/ML 20
KPF 22
Kafka, Franz 164
Kaufmann, Christine 44
Kerouac, Jack 72
Kesey, Ken 17 f., 28 ff.
Kim Il Sung 124
Kippenberger, Martin 86
Kirchhoff, Bodo 150
Kissinger, Henry 69

Kool & The Gang 118
Kraftwerk 65, 69, 135 f.
Kristeva, Julia 52
Kunc, Milan 117

Lacan, Jacques 52 ff., 107
Leary, Timothy 28, 47
Lennon, John 140
Lindenberg, Udo 85, 139
Logic, Lora 140
Lüpertz, Markus 87, 95, 117
Lyotard, Jean François 52 ff.

Madonna 61, 161 ff., 172 ff.
Maenz, Paul 117
Majakowski, Wladimir 69
Maren-Griesebach, Manon 165
Marx, Karl 20, 74, 82, 85, 154
May, Karl 89
MC 5 128
McGuinn, Roger 105
Meister Eckhart 118
Merleau-Ponty, Maurice 52
Mingus, Charles 19
Mitchell, Joni 148
Monkees, The 71
Montaug, Haoui 62
Morley, Paul 129
Morrison, Jim 49, 159
Morrisson, Van 81, 105, 118
Mothers of Invention 50
Motörhead 176
Musil, Robert 163
Mussolini, Benito 28 f.

Neuenfels, Hans 148 ff.
Nietzsche, Friedrich 20

Oehlen, Albert 86
Oehlen, Markus 86
Ofarim, Esther & Abi 83

Olsen, Charles 72
Orange Juice 129
Ortega y Gasset, José 144

Paik, Nam June 145
Parker, Charlie 22, 24
Peng, Deng-Hsiao 123, 155
Penman, Ian 129
Picabia, Francis 19, 160
Pierce, Jeffrey Lee 12, 179
Pollock, Jackson 23
Polke, Sigmar 92
Pop, Iggy 48, 105, 125
Pop Group, The 43
Pot, Pol 69
Propaganda 136
Proust, Marcel 163

Quicksilver Messenger Service 74

RAF 19
Rad, Maxim 11
Raddatz, Fritz J. 153
Rambo 103
Rampling, Charlotte 48
Reagan, Ronald 125
Reed, Lou 16, 105
Rhodan, Perry 103
Rimbaud, Arthur 49, 72, 74, 159
Rohmer, Eric 49 ff.
Rolling Stones 48, 110
Roxy Music 16, 37, 41, 48, 89, 94, 98

Sanders, Pharoah 75
Saussure, Ferdinand De 71, 103
Schmidt, Arno 163
Schmidt, Helmut 42
Schnabel, Julian 61

Schröder, Jörg 153
Scritti Politti 129, 157
Sedgwick, Edie 122
Seeger, Bob 172
Sex Pistols 128
Sinclair, John 128
Small Faces 135
Smith, Patti 48
Soft Cell 91
Sommer, Jerry 32
Spencer, Bud 103
Springsteen, Bruce 151, 172
Stark, Angelika 167
Stirner, Max 37
Stranglers, The 48, 105
Strauß, Botho 104, 150
Strauß, Franz Josef 116
Strindberg, August 108
Styrene, Poly 140
Sun Ra 118
Sweet, The 20

Taj Mahal 80
Talking Heads 43, 151, 174
Telephone 49
Television 48
Television Personalities 12
Theweleit, Klaus 137
Thompson, Hunter S. 69

Thompson Twins 132
Throbbing Gristle 129
Tolkien, J. R. R. 72
Ton, Steine, Scherben 32 ff.
Townshend, Pete 118
Tristano, Lennie 24
Trotzki, Leo 50, 68, 158
Truffaut, François 49 ff.
Tschernenko, Konstantin 122

Velvet Underground 48, 50
Vester, Saskia 167

Wagner, Richard 69
Waits, Tom 105, 148
Walker, Scott 105
Warhol, Andy 50, 65
Wayne, John 81
Webberman, A. J. 154
Wenders, Wim 80, 165
Wilde, Oskar 17
Wilson, Brian 124
Winter, Johnny 15
Wittgenstein, Ludwig 36
Wolfe, Tom 28, 69, 97
Wondratschetz, Wolf 153

Young, LaMonte 137
Young, Neil 124